应用型本科会计专业人才培养研究

张丽波　万丛颖
著

中国社会科学出版社

图书在版编目（CIP）数据

应用型本科会计专业人才培养研究／张丽波，万丛颖著． —北京：中国社会科学出版社，2023.6
ISBN 978-7-5227-1260-4

Ⅰ.①应… Ⅱ.①张… ②万… Ⅲ.①高等学校—会计学—人才培养—研究—中国 Ⅳ.①F230-4

中国国家版本馆 CIP 数据核字（2023）第 024286 号

出 版 人	赵剑英
责任编辑	戴玉龙
责任校对	周晓东
责任印制	王 超

出　　版	中国社会科学出版社
社　　址	北京鼓楼西大街甲 158 号
邮　　编	100720
网　　址	http://www.csspw.cn
发 行 部	010-84083685
门 市 部	010-84029450
经　　销	新华书店及其他书店
印　　刷	北京明恒达印务有限公司
装　　订	廊坊市广阳区广增装订厂
版　　次	2023 年 6 月第 1 版
印　　次	2023 年 6 月第 1 次印刷
开　　本	710×1000　1/16
印　　张	13
插　　页	2
字　　数	202 千字
定　　价	98.00 元

凡购买中国社会科学出版社图书，如有质量问题请与本社营销中心联系调换
电话：010-84083683
版权所有　侵权必究

目 录

第一章　导论 ·· 1

第二章　应用型本科会计专业人才培养优化必要性分析 ············ 29

　　第一节　传统会计专业学生应具备的职业能力 ···················· 30
　　第二节　新时期会计岗位能力重塑 ·· 34
　　第三节　影响本科会计专业学生职业能力培养影响因素 ···· 38
　　第四节　国外会计人员能力框架研究 ···································· 40
　　第五节　基于岗位能力培养的会计人才培养改革必要性 ···· 45

第三章　中国目前协同育人主要模式分析 ·································· 52

　　第一节　中国产教融合政策发展历程 ···································· 53
　　第二节　协同育人各主体职责分析 ·· 58
　　第三节　协同育人主要合作模式分析 ···································· 62
　　第四节　协同育人主要人才培养模式分析 ···························· 65

第四章　应用型本科高校会计专业人才培养存在问题分析 ········ 75

　　第一节　教育部协同育人项目立项数据分析 ························ 75
　　第二节　存在问题分析 ·· 89

第五章　国外协同育人机制的有益经验 ······································ 108

　　第一节　国外协同育人实践 ·· 108
　　第二节　国外协同育人机制的经验借鉴 ······························ 119

第六章 基于协同育人的会计专业人才培养优化路径 …… 129

第一节 构建校企共赢的动态机制 …… 129
第二节 共建产教融合教学平台 …… 137
第三节 推动校企课程衔接 …… 144
第四节 创建以职业能力为核心的教学体系 …… 164
第五节 拓展产教融合校企合作教材开发 …… 175

第七章 应用型本科会计专业人才培养前瞻 …… 181

第一节 以智能时代会计岗位群所需职业能力为框架 …… 182
第二节 加快推进会计专业产业学院建设 …… 190
第三节 将创新创业教育纳入会计专业课程建设体系 …… 196

参考文献 …… 201

第一章 导论

随着社会发展需求不断升级,当前的教育模式已经从单纯的传授知识,拓展到国家发展、产业技术创新、科技成果转化等多个领域,教育发展方向与格局,都从多种不同的方向与层次转为一体化发展宗旨。通过聚焦国家宏观调控下产业转型对个人以及企业的需求,不断调整与改变服务目标,兼顾微观下的个人职业定位以及企业发展需求,加强对主体的服务升级,提升整体服务水平。

一 选题背景

新时期对会计人才培养提出了新的需求,人工智能与大数据的发展以及国家财税政策的不断调整为会计行业带来了新的发展机遇,同时也带来了前所未有的挑战。

(一) 人工智能发展对会计行业产生的影响

人工智能技术可以有效地缓解传统会计行业效率低的弊端,提升工作效率,抑制财务造假现象,增强企业的核心竞争力。与此同时,人工智能的发展也会导致传统会计岗位需求逐渐减少,对于会计人员的综合素养也提出了新的要求,因此,应积极寻求新的财务模式,不断提升会计人员的综合素质,人工智能发展对会计行业产生的影响如表1-1所示。

表1-1　　　　人工智能发展对会计行业产生的影响

机遇	(1) 智能化数据收集变革会计信息的输入和输出工作模式 (2) 促进业财一体化发展 (3) 有效提高工作效率以及信息处理的精准性 (4) 增加了会计信息透明化,有效抑制财务舞弊 (5) 降低了企业的成本,提高了企业的核心竞争力

续表

挑战	（1）财务管理体制有待改进，信息质量有待提升 （2）财务智能化的不断升级，使会计工作内容更复杂多变 （3）大数据的预测功能支持

1. 人工智能时代为会计行业带来的发展机遇

（1）智能化数据收集变革会计信息的输入和输出工作模式。随着人工智能技术的兴起，会计行业和会计职业环境将受到会计人员知识更替和未来会计职业能力水平差异的影响。传统的会计工作由于其简单、重复的工作性质，导致财务分工和管理成本相较人工智能有着工作效率低下，工作人员占用较多，且投入成本高的弊端。人工智能新技术颠覆了传统模式的弊端，改善了传统手工核算工作需要耗费大量精力和时间的单一模式，提升了财务工作的运转效率。人工智能技术对于传统模式的主要突破在于改变了传统信息数据的输入与输出模式，人工智能改变了传统会计制度的固有模式，通过流程自动化等手段完成财务流程，例如，电子发票的普及、各类报表软件功能的强化以及各类财务报表电子化等，将电子发票的普及与各类报表软件功能的强化结合起来，将财务工作完成的时效性通过智能财务系统实现提升，帮助企事业单位降低风险和成本。利用人工智能实现对数据的输入与输出，降低人工核算统计时由于信息不畅带来的数据不准确的问题，从而做到准确化、规范化、程序化。此外，通过大数据信息库，会计人员只需要花费几分钟将需要录入的信息一一录入，就可以在短时间内将记账凭证、会计报表、税款缴费情况等生成电子凭证，在整个会计流程的执行中，具有较高的准确率，这在传统的会计核算流程中是较难实现的[1]。

（2）促进业财一体化发展。业财一体化是财务会计人员的工作需要，围绕价值视角对业绩进行事前预测并进行业绩效益核算，从而为开展财务活动提供借鉴，也可以理解为通过植入企业的议事日程来实

---

[1] 程兰兰：《大数据时代独立院校应用型本科会计人才培养方案探究》，《时代经贸》2019年第17期。

现财务活动与经济管理的结合。随着业财一体化发展，人工智能在会计领域中已经渗透至企业内部的方方面面，已经不单纯的以销售、采购、生产等作为企业运行基础，进一步将财务管理活动与日常的经营模式进行有机结合，在扩展传统核算功能的前提下，对企业业务效率起到了显著的提升作用。基于人工智能所提供的精准数据，企业各个部门都能快速得到数据传输反馈，方便对日常的各项经济活动进行掌控，对各种突发状况进行及时的调节，以此来维护和创造企业价值，同时也增强企业的经济收益。传统的会计工作分为财务会计和管理会计两个不同分工部门。财务会计负责对外汇报工作，而管理会计则负责对内，两者都负责对职责之内的目标进行核算及核实资料的准确性，但也存在一定的区别。为了满足新的会计工作模式所需，需要重点强化核算的管理职能，加强核算的效能，因此，财务会计人员必须通过学习，打破传统会计工作的束缚，按照新时代会计行业的标准，将会计的管理职能结合人工智能和大数据。除此之外，数字化的发展走向也让企业的经营管理模式更加多样化，未来业财一体化发展已呈必然趋势，推进管理会计与财务会计的有机融合，有助于企业发展核心力[①]。

（3）有效提高工作效率以及信息处理的精准性。在会计行业中，数据核算的效率以及数据的精准度对于企业发展来说十分重要，因此，需要投入大量的时间及人力来进行核算工作。传统的核算工作对于企业可持续发展的事前参考需求无法做到及时、充分，在财务工作与信息数据之间不能进行有效的整合分析，无法保证财务工作相关信息以及数据的真实有效性。人工智能在数据的获取以及处理方面充分展现了它的速度与准确度，在数据获取处理方面，传统的会计工作需要花费大量的时间重复基础财务工作，很难保证财务数据处理的效率，处理结果还可能存在一定的误差。而通过运用大数据、人工智能技术对会计工作进行合理的整合利用，将会计工作贯穿于企业的发展

---

① 方烨：《人工智能背景下应用型本科院校会计专业人才培养及课程改革研究》，《河北能源职业技术学院学报》2021年第1期。

脉络，通过人工智能有效整合、分析财务工作的相关信息与数据，可以保障财务工作内容与数据的精准性，为企业发展决策提供重要的参考依据。在传统会计工作中，企业需要付出多重参与核算的成本。以往需要团队协作的工作，人工智能可以轻易完成传统繁琐的核算、录入等工作，对于信息的处理速度以及精准性都有着无可比拟的优越性。这不仅可以提高工作效率，还可以将会计工作人员从繁杂的核算工作中解放出来。传统的核算方式缺乏时效性，不能及时对市场上大量的市场信息进行反馈，从而影响企业决策以及对市场的判断。人工智能系统能够按照需要将各种财务报表随时向客户提供，以及对简单指标进行分析，降低了财务工作人员花费在核算方面的时间，提升财务工作效率，引导会计人才积极向管理会计转型①。

（4）增加了会计信息透明化，有效抑制财务舞弊。会计信息的可靠性决定着会计信息最终的价值实现，会计信息失真问题使报表使用者无法准确地获得会计信息实际价值。而人工智能技术可以针对不同财务问题进行有效的财务风险评估，结合银行评级标准，将风险预警的最新标准对接至企业内部。人工智能技术在进行会计核算工作时，会有专门的实时录入平台，且平台针对不同职责、不同分工的会计人员，有个人专用的登录账号与密码，如果会计人员在工作过程中出现弄虚作假的情况，通过人工智能系统的后台可以迅速、准确地辨别出虚假信息，确保会计信息安全得到有效的保障，降低了工作人员虚假报账的风险。系统后台不但可以全面掌握企业的资金流向，还可以通过网络的实时数据更新，随时调控财务流水状况，在一定程度上将企业财务支出透明化，有效防止财务舞弊、偷税漏税等现象的发生。人工智能可以将相关数据信息上传至云端，并会对信息的真实性进行验证②。

（5）降低了企业的成本，提高了企业的核心竞争力。人工智能的

---

① 高凯丽、王晶晶、陆旸：《面向应用型本科人才培养的管理会计课程改革研究》，《商业会计》2021 年第 20 期。
② 崔伟：《应用型本科院校"大会计"专业类人才培养的课程体系建设研究》，《齐鲁师范学院学报》2019 年第 3 期。

普遍运用，不仅可以提升会计工作的效率，还能使会计人员的岗位设置分配更加合理，大大降低了人力资源的投入，为企业减少了人工成本。传统会计工作需要大量的时间与精力进行人工核算，而人工智能基于自身庞大的数据库，可以在短时间内对大量的数据进行快速的处理，而会计人员只需要根据人工智能程序流程，做好信息跟踪与信息分析等管理工作，获取实时信息数据，这些数据在企业后期的运营方面都起着重要的决策作用。通过人工智能的技术手段优势，可以最简便、直接地为企业提供强有力的技术支持，对财物单据审定、审核以及内部控制管理都能够进行有效的处理，让财务数据得到合理的规制管控。通过减轻人为干预，减少不必要的人力资源的浪费。通过降低财务信息处理的难度，把和财务关系紧密相连的各项工作简化处理，能够最大程度实现对会计工作的成效和核算质量的提升，以此来增强企业的经营竞争力。不仅如此，人工智能相对于人类自身有着更加强大的信息存储计算能力，针对企业利润估计、数据剖析等，人工智能所拥有的多种数据模型能够对当下社会的发展趋势进行精确解析，从而促使企业不断进步。此外，互联网与人工智能技术的应用，使会计核算工作可以通过电脑等设备直接完成，有效降低企业的成本支出。

2. 人工智能时代会计行业面临的挑战

（1）财务管理体制有待改进，信息质量有待提升。人工智能可以有效地规避与减少信息的失真，能够最大程度地保证信息的完整、准确性。由于人工智能技术在会计行业的普及程度还不够深入，多数企业还是采用传统的思维方式与人工智能结合的工作流程，并未将人工智能的优势完全发挥。但实际上，现有的人工智能系统已经和传统的财务管理体制产生了脱节，已经无法适用于当前社会发展需求。虽然在传统的财务管理方面，人工智能技术的应用还无法完全代替现有的业务内容，但是为了迎合社会发展，会计人才有必要积极地迎合市场进行转型发展，逐步完善管理体制。人工智能技术日新月异地发展，对会计专业人才也有了更高的要求，在此种情况下，会计人才只有不断调整自身的思维转换，拥有尽快适应新环境的能力，加强自身的综合管理水平，才能更好地适应未来产业的发展需求。随着互联网应用的不断升级，企业应该加强信息管理工作，提升财务信息质量。由于部分企业缺乏对人工智能的深入应用，许多岗位还是依靠会计人员手动处理，这也就加大了信息失真的风险。企业现有会计工作人员对于人工智能还处在学习的阶段，综合能力并不高，在手动操作时很容易出现信息失误。因此，企业应该尽快完善会计行业的管理体制，安排员工积极参与学习人工智能相关运用知识，发挥出人工智能信息体系的优势①。

（2）财务智能化的不断升级，使会计工作内容更复杂多变。在会计行业智能化不断提升的同时，通过提高社会化批量生产的效率和边际效益，突出个性化、多元化的产品服务需求，提供有针对性的服务，强化社会批量生产的效益，从而实现服务产业化的转型升级。此外，智能化发展在针对数据生成方面具有更强的优势。通过人工智能技术，会计人员在工作时可以快速得到所需要的企业数据信息，通过整合数据信息，制定更合理化的信息化服务流程。要结合利益相关者所需要的信息或服务等考量，实现会计信息化增值功能。虽然人工智能在应对一些突发情况时能够有效提升财务管理的效率，但其在应对突发情况时，人工智能可能会出现缺乏对意外状况的思考与分析能力，从而导致会计工作内容出现多种复杂问题。随着人工智能在会计行业的普及应用，对会计人员也提出了各种新的要求，不仅要有精准的核算能力，也得拥有专业的数字技能。信息化的发展使会计行业的发展过程逐渐复杂化，除了要胜任基本的工作要求外，会计人员还应该具备对人工智能进行使用的技能。

（3）财务智能化地快速发展，对会计人员的能力提出了新的要求。随着发展财务共享中心的建立与发展，乃至于人工智能已经普遍应用于会计行业，对现有的财务工作人员的工作性质与方向，发生了些许转变，工作内容也由原始的繁杂工作流程逐步推行至岗位技术需

---

① 樊晶玉、孙绪静、潘颖：《对应用型本科基础会计课改革和对人才培养模式的探讨》，《经济研究导刊》2020年第2期。

求的转移。同时，对于岗位的胜任技术能力，也提出了新的要求。在人工智能还没有全面普及的时候，传统的会计工作人员只能依靠计算器、算盘等工具来进行繁杂的数据运算，耗费大量时间精力与成本。而在人工智能普及后，由于人工智能的计算速度相比传统人力模式统计的速度与方式都有了极大的改善，所以工作效率也得到飞速提升，因此，对于那些仅能够从事核算基础的工作人员，在未来财务智能化逐步普及的趋势中面临极大的冲击与就业压力，财务智能系统不仅对会计信息有高效率、高质量的处理，还能够极大地提高企业会计信息在生产和经营中的时效性，也能在一定程度上降低虚化会计信息发生的风险①。

（4）基础会计人员失业率上升。由于会计行业的市场需求面广，且受其他行业影响小，所以会计专业一直是各大院校的热门专业之一，也势必会增加会计人员的就业压力。同时，人工智能的普及应用已经逐渐地取代了会计行业中的基础工作，对传统负责简单的记账、收银等工作人员也产生了不小的影响。人工智能作为新型的智能手段，除了拥有强大的数据传输功能外，在相较于普通会计人员的手动运作效率上更是遥遥领先，智能机器更具备长时间的处理数据信息的能力，对于数据的精准程度也是普通员工无法达到的高度。由此可见，无论从哪种方面比较，人工智能的加入对于企业来说都是优势，会计工作由人工智能逐步替代的趋势已成必然，因此，基础会计人员为了迎合时代与科技发展的社会所需，需要不断补充自身的专业知识储备量，在完成由核算会计到管理会计的复合型人才转型的同时，还需要提升自身的实践能力。随着会计工作不断更新换代，会计人员对于自身工作成效的体现都要秉持能够适应于现代社会经济发展需求的原则，通过工作模式的调整，加强对网络运用的学习，培养自身实践能力，时刻紧跟时代发展步伐，通过各种学习方式充实自己，对自身的工作进行全新的定位，才能在愈演愈烈的竞

---

① 滕剑仑、李春友：《财务智能化下会计本科教育模式转换研究》，《商业会计》2021年第 18 期。

争市场中站稳脚跟。

（5）财务数据信息安全受到威胁。随着人工智能在会计行业的不断延展，各个企业基本都已经开始引进人工智能技术。人工智能作为一种新型的科学化发展手段，虽然在会计工作内容以及成效方面起到了质的提升，但是由于人工智能的大数据平台具有公共、公开的特质，这也使企业在日常经营过程中信息数据安全遭受了威胁，产生一定的财务风险。虽然大部分企业对风险问题都有了一定的防备意识，但是在实际工作中，企业更加注重人工智能带来的便利以及为企业创造价值，往往忽略了为人工智能架设防御保护措施。如果不注重风险预警模型的构建，未来企业在进行数据分析时，就无法及时掌握风险情况，也无法根据风险状况启动相应的预防措施，信息安全无法得到有力保护，不利于企业在市场中的生存发展。目前会计行业在对财务数据处理方面，主要运用会计软件系统来进行信息储存，优点是操作简单，能查找的信息量大，由于后台系统的安全性能未达标，也造成了容易遭受信息入侵的危害。信息一旦被入侵将会造成商业机密信息发生泄露，对企业的发展产生不良影响。此外，由于人工智能运行都是以电子设备为载体，大量的数据也是通过载体进行保存，一旦遭受外界侵入攻击，除了导致商业机密泄露外，载体设施也将面临被破坏的风险，如果载体硬件被损坏，那么存储的大量数据也一并会损坏或者是永久性的丢失，但是目前很多企业并没有对数据信息产生深刻的风险影响意识，未能及时地做好防范措施，这也为信息安全埋下了相当大的隐患。信息技术在为会计行业带来机遇的同时，也为企业内部带来了信息安全管理的更大挑战。企业有必要充分认识到网络环境的开放性特点，利用好人工智能这把"双刃剑"，建立健全内部管控体制对员工进行相关的信息安全防范培训，同时要加强部门的监管力度。通过利用网络的实时更新的优越性，搭建实时监控系统，建立防火墙等拦截程序，以便能够快速发现信息安全中的漏洞，及时做出反应与防御措施。由此可见，人工智能的数据维护，需要加强互联网的防御能力，提升系统稳定，同时还需有针对性地进行有效监管，降低相关风险发生的概率。

（二）大数据时代对企业会计的挑战与机遇

大数据的发展为会计行业发展带来了决策性支持，优化了会计工作的预测性功能，与此同时，也在信息存储与信息安全方面带来了新的挑战。因此，面对海量的数据库，大数据时代企业的会计人员必须加强关于企业信息的保护工作，为企业核心信息安全提供保障，应对大数据信息安全的挑战。无论出于对客户群体的稳定性维护，还是基于企业自身顺利运行的角度考虑，都需要不断提升企业信息管理的质量，实现企业财务管理信息的保障①，大数据时代对企业会计的挑战与机遇如表1-2所示。

表1-2　　　　大数据发展对会计行业产生的影响

机遇	（1）大数据控制依据支持 （2）大数据的决策性支持 （3）大数据的预测功能支持
挑战	（1）对信息储存的挑战 （2）对大数据技术的认识挑战 （3）对数据信息安全性的挑战

1. 大数据时代企业会计的机遇

（1）大数据控制依据支持。会计岗位和财务管理在企业发展中占据重要地位，财务管理有序和会计岗位稳定运行对企业生存意义重大，每个企业都对自身会计工作的执行情况给予充分关注。在大数据时代，大数据控制依据支持对于企业会计工作的开展提供了新的发展机遇。信息技术作为企业战略驱动的重要因素，促使企业信息数据的处理分析向有效治理层面发展，因此，大数据为企业财务管理提供了控制依据方面的支持。在企业的日常运营过程中存在和产生着海量的数据，也需要获取来自外部市场的有价值的数据。其中企业自身产生的海量数据需要实现有序管理，而企业需要获取的价值数据则需要会计岗位人员使用大数据技术对外部市场中的数据信息进行收集、辨

---

① 孟宪堃：《新媒体时代中国电视产业的发展分析》，《新闻传播》2021年第12期。

别、筛选和处理。数据的管理能够为企业管理提供有力依据，帮助企业规范内部管理秩序，使会计人员及时对企业运行秩序和管理成效展开自查，发现企业存在的问题，并可以在更多数据的帮助下找出问题根源，提出解决策略的相关建议，实现错误数据的修复等。在这样的运作机制下，大数据时代会计人员能够及时为企业提供发展战略的方向和调整意见，不再停留于单纯的后台支持角色定位中，而是作为企业发展战略制定的重要组成部分，为企业提供依据支持，帮助企业成功抵御经营过程中可能面临的各项风险，实现财务管理质量优化。

（2）大数据的决策性支持。在传统企业会计功能中，由于数据处理方式和技术层面的限制，会计的预测支持功能较弱，但存在一定的决策支持性，企业会计岗位工作人员通过对市场数据和企业内部数据进行收集分析和整理之后，通过财务分析报告等形式做出相关决策建议，发送至企业管理层进行决策选择。从而提升企业决策的准确度，实现合理决策，并在市场上打造自己的竞争优势，优化企业整体竞争力。由此可见，决策支持功能是会计岗位的关键技能之一，如果缺少决策功能，则容易造成企业决策的失误，继而影响企业的整体管理质量，甚至危及企业正常的运行秩序。在大数据的分析运用功能下，整体的会计信息质量能够实现一定程度的提升，将这些数量众多、种类繁杂的信息数据进行所需信息的定位，再通过有机整合，传递给使用者。凭借海量数据的优势，能够为企业决策提供更加具体化、精准化的支持，会计人员可以在大数据技术下获得更加详细的数据，为企业决策赋能。从这一角度看，通过大数据获得越多的数据信息，会计岗位能够发挥的决策支持功能则会更加有效，为公司管理层出具的各项决策建议就将会更具体和全面。大数据时代，企业会计在决策支持的发挥方面具有区别于传统企业会计工作内容的优势，为企业发展创造了新的机遇。在大数据技术基础上，由会计岗位工作人员到企业管理人员，都可以站在更高层次、更加全面的视域上权衡公司发展的相关决策方向，有利于在创新性思维的影响下，开拓企业发展的更多机遇。

(3) 大数据的预测功能支持。预测功能是会计工作的基本职能之一，在大数据环境下，会计预测功能能够实现更深度地发挥，为此，大数据的预测功能提升对于企业会计工作创造了前所未有的机遇。对于大数据而言，预测可以视作大数据技术的核心。在传统会计工作模式中，由于数据传播的渠道较少，数据传播速度较慢，企业的会计岗位人员没有足够的技术手段能够及时获取行业数据和竞争对手信息等，因此传统企业预测功能较弱，基本依靠数据的搜集和信息间的关系进行预测，并且还存在由于时效性不足而在企业与企业之间出现的信息不同步现象。不同于传统会计，大数据应用扩充了会计岗位信息处理人员的数据来源，提升了数据的全面性。会计人员可以从海量数据中选取有价值数据，作用于企业发展和行业预测方面，为企业决策提供依据。大数据预测功能优势明显，当平台用户浏览产品信息时，大数据会对用户喜好进行精准分析和预测，向其推送符合客户需求和关注点的商品信息，供客户自行选择。既方便了客户的平台使用，又能够快速定位客户需求，实现平台销售数据的有效提升和优化。此外，大数据对于企业的运营成本也可以有效发挥预测功能，在大数据技术的帮助下，企业运营成本预测工作的复杂性降低，能够通过各种大数据工具迅速进行运算，企业会计信息披露工作将会变得更加便捷，并且能够有效提升企业信息披露的及时性。根据企业运营成本预测的相关结果，企业可以设置对于各项资源进行配置的计划，提升资源利用率，并且实现企业投资成本的整体优化。大数据技术的推广使得会计信息的收集分析和整理变得更加高效，避免了企业与企业之间或者债权人之间的信息不同步现象，优化了企业相关利益主体的信任度，也使企业会计信息质量得以提升。

2. 大数据时代企业会计的挑战

（1）对信息储存的挑战。在企业运行过程中会产生各项数据，通常企业会非常重视这些数据的储存，保护数据安全和企业核心信息不泄露，因此，企业会采用各种方法对运行数据进行存档。而在大数据下，企业运行数据规模激增，会计岗位的信息处理人员每时每刻都在接触海量的数据信息，对企业信息储存空间提出了更加严格的要求。

如果要将这些信息存档，势必会对企业信息储存能力形成巨大挑战。并且，信息市场还存在结构多样性的特征，既包含了一些结构化信息，还涵盖了大量的非结构化信息。当企业会计人员面临数量规模巨大、种类繁多的数据时，必然要在现代化技术的帮助下对数据进行整理和分析，准确进行有价值数据的筛选。因此，原先的数据保存思想已经不适应当今时代发展，要实现大数据环境下对信息的有效处理，必须具备足够容量的存储空间，并且要对信息储存方法进行优化升级。目前我国企业的会计系统中，信息存储的空间十分有限，由于对大数据技术的不了解或者不信任，没有及时开通云空间来进行信息存储，因此影响了企业会计工作的开展，使得企业对于大数据环境下信息存储的要求也无法实现，现代化技术对数据有效运用的作用无法进行。大数据时代传统会计信息储存受到了巨大挑战，数据储存容量压力陡增，也影响了企业大数据分析技术水平的提升。

（2）对大数据技术的认识挑战。在互联网技术不断升级的时代背景下，人们的生活方式和思维正在发生转变，这些思想的进步影响着人们的行为方式和习惯。但当前许多人对于大数据技术还没有建立正确的认识，甚至还存在一些质疑，对于企业会计而言形成了一些挑战，这些挑战既有面对企业会计岗位工作人员的，也有面对企业管理层的。随着大数据以迅猛之势袭来，对传统企业会计岗位工作形成了较大冲击，一些传统思想比较牢固的工作人员对大数据技术的认识不足，或者存在一些误区和抵触心理。当前企业中负责财务管理和会计岗位的大多是财务金融相关专业的人才，这些人才虽然具有丰富的财务管理理论基础与会计岗位的基本技能，但对于计算机技术和大数据应用能力还存在欠缺，对于大数据技术也缺乏相应认识。还有一些企业管理层成员，由于自身管理知识的缺失，存在固守传统的观念，在这样的管理思维下，一些会计岗位工作人员即使具备了对大数据技术的正确认识，也无法在实际工作中应用。这样片面的了解影响了企业会计岗位的变革，也对会计行业的发展造成了一定桎梏。同时，也反映出当前市场对于能够运用大数据技术人才的紧缺现象，以及我国对于提升管理会计技能专业度的紧迫性，反映了我国当前在会计专业教育方面的不足与短板。为此，需要突破对于大数据认识上的误区，不断提升企业会计人员的综合素质，正确应对大数据对会计工作岗位形成的挑战，适应数据信息在网状结构方面的变革，正确进行信息的筛选和分析。

（3）对数据信息安全性的挑战。大数据的到来大大提升了人们的生活品质，带来了诸多便利，但伴随而来的则是关于数据信息安全性方面的一些潜在威胁。在大数据环境下，数据共享程度提升，大数据不但可以扩大信息来源，收集到范围广阔、规模较大的有价值信息，同时，由于网络环境的特点，一些信息安全问题涌现出来，对会计工作造成了一定挑战。虽然通过加密措施对数据信息安全性有一定程度的保护，但网络攻击的程度也逐渐加深，为此各大企业也纷纷建立关于信息安全的保护意识，通过各种措施保障企业核心信息。在海量数据中，也存在一些用户隐私信息和企业的核心机密信息，在大数据环境下，会计人员必须要建立对企业信息的保护意识，对这些信息进行合理保护，以应对大数据对数据信息安全造成的挑战。将大数据在数据储存和信息收集与分析方面的优势最大化利用，能够对财务管理效率和会计工作质量起到明显的优化作用，但同时数据安全性的保障也是一个重要问题。在新的时代背景下，信息传递速度明显加快，信息的修改方式也呈现了多样化的发展趋势，一些信息需求者和信息传输对象的身份比较复杂，因此存在企业相关核心财务数据泄露的风险。对于企业会计而言，如果企业的核心信息或者客户隐私信息被泄露，将会导致企业利益严重受损，影响企业的客户维系工作，还可能使企业的生存受到威胁。

（三）财税政策的变化对会计专业带来的挑战

近年来，我国财税政策进行了一系列的调整，比如2016年推行的"营改增"、2019年推行的"个税改革"，以及2020年财关税13号等一系列减税降费类财税政策调整，随着这些政策的推行，我国的财税管理制度发生了较大的变化。这些新的国家政策都对会计岗位人员的工作方式和素质能力结构、专业教材建设以及校企合作机制等提出了更加严格的要求，财税政策的变化对会计专业带来的影响如图

1-1所示。

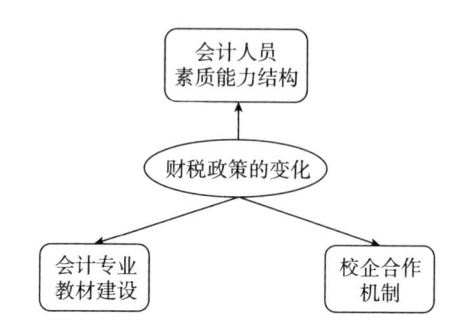

图 1-1　财税政策的变化对会计专业带来的影响

1. 财税政策对会计人员素质能力结构新要求带来的挑战

会计人员要紧跟国家财税政策的新方向，并根据国家财政政策的新要求，不断调整个人的工作方式和学习计划，做好顺应国家财政政策发展的研判工作。对于企业会计人员而言，其传统会计的工作模式已经发生了颠覆性改变。根据国家财税政策对营改增和个税改革等政策方面的具体要求，各本科院校的会计专业要迅速将这些新的行业变动和政策贯彻到教育大纲中，并不断完善教学设计，这就对本科院校的反应能力和执行能力形成了严峻考验。对于本科院校会计专业而言，在人才培养过程中，要正确认识这些变化，了解企业会计岗位工作内容的变动，并结合国家政策对会计人员提出的新要求对本专业人才培养目标和发展方向做出迅速调整，实现教学设计的优化创新，从而尽快适应国家财税政策变动对会计人员素质能力结构的新要求，使得本科院校会计专业的人才培养能够始终紧跟市场变化和企业要求，帮助学生实现由校园到企业的顺利衔接，提升本科院校会计专业学生的就业率，并最终实现为企业输送优秀人才的培养任务。为提升本科专业人才培养质量，本科院校会计专业必须尽快应对这一挑战，带领会计专业学生加强学习，实现素质能力结构的优化更新，推动会计专业技能水平的升级。还要加强对于教师的培训工作，使得教师的教学能够顺应时代发展和行业要求，将国家新政策贯彻到会计专业人才培养和具体的专业课程教学过程中，实现学生综合素质的提升和专业能力的培养，优化本科学校会计专业的育人质量，应对财税政策对会计人员素质能力结构新要求形成的挑战①。

2. 财税政策变化对会计专业教材建设带来的挑战

要适应财税政策的新变化，使得人才培养始终能够满足国家财税政策变动形成的新要求，就需要从会计专业教材和人才培养模式等方面，有效解决会计专业教学过程中存在的滞后性，实现会计专业教学的突破创新。本科院校会计专业的人才培养需要按照市场和企业需求，以为企业输送优秀人才为人才培养的基本目标，为让会计专业学生成长为合格的企业会计人员作为人才培养的重要任务。而对于企业会计人员而言，需要具备过硬的专业会计技能，并且还要形成正确的价值观和职业观，养成良好的职业道德品质，能够抵御工作过程中可能面临的一些诱惑，坚守底线，完成企业的财务管理和会计信息披露等重要工作。这些都成为本科院校会计专业人才培养的目标和重要任务，也为本科院校会计专业的人才培养目标的制定提供了重要依据。由于国家财税政策的新变化，会计法规等政策性文件也在不断变化，会计专业教材承担着教学媒介的重要任务，必须保障其时效性，将最新的会计法律法规和国家财税政策变化涵盖在教材内容中，让会计专业学生能够在第一时间接触符合行业发展实际的专业知识。因此，必须尽快实现会计专业教材的更新，使会计专业教材能够始终反映会计改革动向与会计行业发展方向和动态。但实际上，由于教材编写要求严格，编写周期长，要收纳一些最新案例和行业资讯比较困难，这就与会计专业与生产实际相适应的要求产生了一定滞后性。除此之外，会计专业教材滞后性的挑战还包括教师水平有待提升和人才培养模式过于陈旧的内容。对于本科院校会计专业人才培养工作而言，需要教师具备丰富的实践知识和扎实的基础理论根基，从而帮助学生塑造会计岗位综合素质模型，成长为行业和企业所需的人才。而实际上，一些青年教师虽然具备比较充分的理论知识，但由于刚刚进入角色，对

---

① 韩将：《对企业货币资金内部控制的探讨》，《现代经济信息》2016年第18期。

于自身学习进步缺少方向，并且不具备丰富的企业实践经验，因此对企业发展和会计岗位需求认识不足，对国家财税政策改革对会计岗位工作内容带来的相关变化信息缺乏了解，无法将这些有效信息用于学生培养过程中。由于学校教学的传统模式影响，教师活动范围停留在学校内部，缺少深入企业的机会，使得教师整体水平有待提升。在人才培养模式方面，重理论、轻实践的培养思想影响着会计专业人才能力结构的塑造工作，对于实务操作缺少侧重性，使得学生实践机会不足，无法充分利用企业的实践资源优化自身能力。

3. 财税政策变化对校企合作机制带来的挑战

要适应国家财税政策的发展动向，立足于企业会计岗位工作实际，开展本科院校会计专业的人才培养工作，从而以校企合作的育人模式提升会计专业人才培养质量，实现高效育人。通过企业提供的实践资源，进行财税政策变化分析，并依此进行会计岗位工作职责的更新与升级。并根据国家财税政策对企业会计岗位工作内容的影响，以及企业会计工作的内容变化，进行会计专业人才培养工作的重新审视。因此，要适应国家财税政策变化，就需要正确处理校企合作机制和本科院校会计专业人才培养质量进一步提升的重要挑战。目前我国的校企合作仍然停留在浅层，校企合作不够深入，影响了学校教育目标的实现，也不足以调动企业参与育人的积极性。在我国校企合作中，产教融合还需进一步的探索，在利益诉求和文化观念方面还需要进行融合，并且校企合作的模式也需要进一步拓展，参与主体的单一性和有限性亟待解决。对于校企合作中可能出现的一些风险，以及校企合作关系的维持，还需要配备一定的保障措施，教学管理秩序需要优化，并且政策法规方面对于校企合作育人的相关规章数量和力度还不足，需要进一步完善等。这些不足制约着我国校企合作机制的不断深入，也不利于本科院校会计专业人才的培养，使得企业参与校企合作的积极性不足，学校的学生也缺少成熟的实践资源支持[1]。因此，

---

[1] 何雨谦、雷若曦：《论应用型本科院校会计专业人才培养模式》，《佳木斯职业学院学报》2018年第11期。

要适应国家财税政策的新变化，就需要通过不断发掘校企合作向深层发展的渠道，优化校企合作关系，实现高校育人质量的有效提升，这对于参与校企合作的各主体都形成了一定挑战。在校企合作模式下，会计专业的学生能够借助企业提供的实践平台，感受国家财税政策对于会计岗位提出的新挑战，不断提升个人素质，为企业发展和行业进步贡献个人力量。

二　选题意义

（一）有利于加强应用型本科高校内涵建设，不断深化产教融合程度

1. 有利于加强应用型本科高校内涵建设

应用型本科院校的地方性决定了院校在办学和人才培养过程中必须关注地方经济发展趋势和区域社会建设进程，通过人才输送和参与地方经济文化建设和良好社会风气构建，为区域经济协调发展和整体进步贡献力量。而应用型则影响着本科院校的人才培养目标和人才培养模式。应用型本科院校大多建于各地级市，由于所处地理位置的差异，应用型本科院校所面对的当地经济发展情况和文化积淀各不相同。这些差异化为帮助应用性本科院校实现特色化办学，完成服务社会责任创造了条件。应用型本科院校对当地发展的社会责任主要包括两个方面。最直接的社会责任就是为地区建设发展输送人才，不断提升应用型本科院校学生培养质量也有助于提升学校影响力，深化学校的核心竞争力，激发本科院校发展建设潜力。另一个方面的社会责任则表现为通过对当地支柱型产业的支持和对经济发展情况的分析，在应用型本科高校中创办特色专业，从学术角度对特色专业人才培育和科研成果的转换提供支持。基于应用型本科院校对当地发展的社会责任，在会计专业人才培养过程中需要不断优化课程体系建设，与行业大环境和地方经济发展状况相联系，与企业的岗位人才需求相连接。学校的内涵建设能够对教学质量提升起到内在推动的作用，优化办学质量就是学校内涵建设的最高目标。从内涵建设构建应用型人才培养的新途径，就是要发挥学生作为学习主体的能动性，将有限的学习时间利用起来，不断扩充自身知识领域和层次，加强会计专业相关理论

知识学习和实践技能演练，成长为国家和社会所需要的会计专业新型人才。

2. 有利于深化产教融合程度

在明确的人才培养目标引导下，积极加快教育资源更新升级，打造专业化、智能化的会计专业人才培养模式。围绕地区经济结构优化升级的步伐和经济发展的客观规律，不断完善学校的专业建设，打造特色专业教育机制，并不断探索科学化的教育评价体系，提升教育评价的有效性。要塑造健康稳定的校企合作关系，营造产教融合的浓厚氛围，切实提升学生的理论知识，要从内涵建设层面入手，制订本科院校会计专业人才培养方案。随着社会的不断发展与进步，应用型本科人才培养要求也逐渐被推向新的台阶。虽然目前已经将校企合作与产教融合作为主要教学形式，但在实际教学过程中，由于创新教学形式起步较晚，诸多实施途径与办法都处于探索阶段，且新的教学框架受传统教育观念约束，无法得心应手地运用于教育工作中，使得产教融合教学模式出现与时代发展脱轨的现象，无法完全与经济发展要求相适应。因此，需要加强对应用型本科人才的深度培养，使教育能够跟上社会发展需要，促使双方形成完美契合、互助互利的合作关系。通过产业与教育的完美结合，打造全方位创新培养服务新体系，让技术与人才能够融会贯通，最大限度地发挥出人才作用，同时满足产业与教育的共同需求，由此体现出产教融合教学模式的重要意义。因此，协同育人的有效实施，不仅提供了现代高等教育多学科间组织、领导、管理、合作等机制的范式，也提升了教育平台建设承载能力、整合专业化群体组建、打造社区服务等多方面的深度助力。推进教育服务、领域拓展、内容质量提升，以此来培养优秀的应用型人才，为经济和产业发展提供全面的技术人才支持。

（二）有利于践行实用为本，不断提升人才的职业素养

1. 有利于践行实用为本

推动应用型本科教育建设创新发展的主要目标是依据"教育培养人才，人才引领行业"的客观规律，通过教育和对人力资源的开放提升区域的产业实力。以发展地方产业需求为目标，本着提升质量，创

新增值的原则，通过多方共享优质资源与要素，着力拓宽人才领域市场，使教育建设不断加强。适应中国经济转型和产业升级的需要，提升人才培养的质量，使人才能够适应社会，通过产教融合着力实现整体教育的高质量化，为国家培养出更多的应用型人才。优化教育质量必须遵从当代社会发展实际需求，结合市场大环境，顺应科学发展观的要求，实现我国应用型本科教育的特色化、专业化发展。为此，必须意识到应用型本科教育并不是为培养基础劳动者，而是需要为市场输送德智体美全面发展的创新型应用型人才，从而顺应市场发展趋势，积极推动社会整体发展和经济建设水平有效提升。优化教材，打造精品课程，并配备具有多元化的教育考核评价工具，实现科学育人。目前，部分应用型本科院校专业设置高度重合，缺少符合市场需要、具有鲜明时代特色的专业课程，并且存在一定的人才培养脱节现象，既加大了企业人才培养的成本，又加剧了当前就业竞争现象。因此，要以市场为基准，加强专业设置的合理性，打造院校特色专业群，发挥各项优势资源，以点带面，全面提升人才素质能力，使人才培养能够符合市场要求。优化专业知识结构，提升学生的综合素质和核心能力。推进校企合作的办学模式，为学生提供丰富的实践机会。使教育与产业发展相适应，人才培养与市场需求相结合，与经济发展相促进。

2. 共建产教融合平台，提升人才职业素养

结合教育与人才培养的根本目的和发展方向，将产和教融合起来，实现产业与教育的一体化。通过多元化的组织领导结构和管理运行条例，实现校方与企业的协作与配合，提升实践平台的承载能力，打造校企合作命运共同体，以实用为本，实现教育人才技能水平的提升，加快理论与实践的一体化建设，优化人才培养质量。创造能力的培养也是应用型本科教育培养过程中的重点内容，知行合一则在具体的职业教育过程中发挥着重要作用，不但要对书本知识进行学习，打下牢固的理论知识基础，还要通过参加社会实践活动，磨炼实践技能。鉴于此，本书以会计专业为例，在分析新时期对会计人才培养提出的新要求的基础上，探讨协同育人视角下应用

型本科会计专业人才培养优化必要性以及我国目前协同育人主要模式分析，进而分析了应用型本科高校会计专业人才培养存在问题，在借鉴发达国家协同育人机制的有益经验的同时，提出了会计专业人才培养优化路径，如构建校企共赢的动态机制，提升人才培养质量、共建产教融合教学平台，拓宽会计专业产教融合渠道、推动校企课程衔接，以智能时代会计岗位群所需职业能力为框架，优化学校教学资源、创建以职业能力为核心的教学体系、加快推进会计专业产业学院建设、拓展产教融合校企合作教材开发以及将创新创业教育纳入会计专业课程建设体系等，以期为应用型高校会计专业人才培养提供有益的理论借鉴。

三　相关理论

本书是在利益相关者理论、协同创新理论以及共生理论的指导下进行的，它们对人才培养都有一定的理论借鉴。

（一）利益相关者理论

1. 利益相关者理论的产生与发展

利益相关者理论的诞生可以追溯到20世纪60年代，此后该理论不断发展，对西方国家公司治理和管理模式产生了深远影响。美国著名经济学家弗里曼认为，利益相关者指的是能够对组织目标产生影响的群体或者个人，后来弗里曼对利益相关者的定义又做了新的阐述，增加了利益相关者的涵盖范围。他的定义具有双向性，受到学术界的广泛推崇。利益相关者理论初次诞生于20世纪60年代，在该理论中，美国著名经济学家弗里曼详细阐述了利益与各个主体之间的有效关联，认为利益并不是一种独立因素，而是与任何一种发展中关系都密切相关的重要链接枢纽。弗里曼认为："任何发展关系都是一种不同的利益主体，每个利益主体都有着各自对于事物的不同理解与认知，而其中蕴含的基础资源、追求目标与发展方向也各不相同。虽然各自拥有一定的资源优势，但这种资源优势无法全面实现自给自足的发展需求，为了得到进一步的生存与发展，必须与其他主体进行互动、交流、资源互换，从而达成共同发展、共同获利的目的。"通过西方国家对企业治理与管理模式的不断深入研究，进一步扩大了利益相关者的覆盖范围，而后弗里曼针对利益相关者的定义又进行了新的阐述，使它的定义具有双向关联特质。在发展过程中，由于利益主体所需要的稀缺资源是自身无法生产的，需要依赖与外界环境中的其他主体进行交换才能生存与发展。这时，拥有相同或相近发展目标的多个主体便会达成结盟意识，从个人主体发展成为一个新的利益群体，也被称为"利益相关者组织"。

2. 利益相关者理论的内涵

弗里曼的利益相关者理论指出，利益相关是将多种具有不同资源优势的社会组织进行有利益性的关联。从利益相关者的范围来看，对于企业而言，企业的生产经营活动受到利害影响的群体或者个人范围较广，其中既包括公司的股东、债权人、客户、供应商等，也包括当地政府、社区等，甚至还包括自然环境等客体，他们都会受到企业生产经营活动的影响，其中既有直接影响，也有间接影响。企业需要对利益相关者进行正确分类，并根据类别特点进行管理。在米切尔的分类原则下，利益相关者根据合法性、权力性、紧迫性三个维度进行评价与打分，根据维度满足的情况进行利益相关者分类，如能对企业具有合法性的索取权，有权力影响企业决策或者引起企业管理层的及时响应，则视为满足利益相关者条件，米切尔还根据维度满足的数量进一步细分，他的分类方法后来被称作米切尔评分法。由此可见，利益相关者与企业密切相关，企业需要维护与这个群体的共同利益，而公司能否顺利发展，就在于公司是否具备平衡利益相关者需求、回应他们要求的能力。利益相关者理论的核心思想就是企业的生产经营不能以追求绝对的经济利益为唯一目标，还需要平衡到利益相关者需求，在进行企业相关决策时，利益相关者也应当具有一定的决定权。利益相关者理论具有深刻的现实基础，它重新定义公司资本所有者的地位，并引入了企业绩效评价的重点。

3. 利益相关者理论对人才培养的理论借鉴

在校企合作、协同育人的过程中，也可以引入利益相关者理论，校企合作模式下的利益相关者可以定义为影响校企合作的群体和个人，他们可以是学校的老师、学生，也可以是政府、企业，还可以是相关媒体等。对于校企合作项目而言，该组织的利益更多的是来自利益相关者付出的一些资源而获得的。例如企业付出了一定经济资源和硬件设备支持，希望获得优秀的人力资源和技术层面的相关支持。学校通过办学，能够向社会输送优秀人才，提升学校学生就业率和学校影响力。而校企合作正是符合这一基础的有机融合，学校与企业作为两种不同性质的社会组织，需要完成学校和企业之间的资源互补，通过相互间的资源渗透以及所处环境的深度影响，使双方在合作的过程中实现各自的利益，校企合作模式的进行是最能直接反映出学校与企业所获得的共同利益，校企合作机制的运行不仅包含各级本科院校、高等学府机构、高校教学单位以及研究机构，同时也涉及学校与企业的工作人员、学生以及社会组织的共同利益等。学校的管理目标在于培养出符合现社会经济发展所需的全能型人才，企业的管理目标是为了吸纳更多适用于未来企业长远发展的持久性应用型人才。由于各个利益主体对于人才培养的价值观念不同，因此，对应用型人才的重要性也有着不同的认知层面。通常情况下，校企合作中，学校与利益相关者之间的关联程度更为紧密，对于学校来说，培养应用型人才是必然要求，而对于企业来说，更大的利益关联在于企业是否盈利，而不在于对人才的培养。当利益相关出现了不同的分层，利益主体通常都会优先选择第一利益作为主要目标，因此，也减弱了对其他利益需求的积极性。

（二）协同创新理论

1. 协同创新理论的内容

协同创新包括协同与创新两个方面，协同指的是在同一系统中的多个子系统形成的相互联系、相互协调的共生关系，这种关系可以达到 $1+1>2$ 的效果。而创新指的是将企业内部各要素进行重新组合，激发创新的生产形式或者组织结构特点，从而创造更多价值的行为。而协同创新理论则是将协同和创新结合起来，多主体通过共同的利益进行合作，从而实现优势最大化。协同创新是由协同与创新两个不同部分组合构成的一种新型发展模式。其中协同是指在同一目标下，不同的主体形成相互依赖、互帮互助的共生关系，这种关系在有效的结合下实现价值增值。而创新则是在发展前提下，将原有的整体重新划分成不同的模块，并对这些模块进行重新整合、分析、分类，最终再将模块进行重新组合，从而改变原始组织结构，以此来获得更多回报的行为。将多个主体的利益获取效能最大化。协同创新既是校企间的合作关系，又是促进双方共同发展的基础框架所在。

2. 协同创新理论对人才培养的理论借鉴

校企合作中多主体通过互惠互利的合作框架有机结合，共同构成了教育系统，承担人才培育的任务。教育系统属于非营利性组织，学校、企业、政府、行业协会联合起来，搭建合作平台，提升教育质量和人才综合素质，通过对学校和企业不同利益体的平衡，打造深度的校企合作模式，引导校企合作长期健康稳定发展。在协同创新理论的引导下，政府主导，学校和企业积极参与协同创新，并逐渐融入区域经济发展要素，不断整合资源，将优质要素进行融合，并不断创新，提升信息的共享程度，达到双方和谐共赢的合作关系，并服务于地方经济建设和人才整体素质的提升。

（1）各主体间利益层面的协同创新。通过对各主体利益的权衡与调和，使得学校和企业建立稳定牢固的合作关系，互相信赖，共同致力于应用型本科会计专业人才培养工作。校企合作各主体间达成利益平衡、互惠互利。校企之间实现利益平衡是合作共赢的基本前提。通过协调学校与企业间的利益均衡，促使学校与企业在合作中能够形成长远、稳固的合作关系。

（2）战略层面的协同创新。要深入分析各主体不同的战略出发点，找到其中的均衡点，统一双方对于校企合作在认知层面的差异，最大程度避免校企合作过程中双方需要面临的种种风险，在处理不同主体因战略出发点不同而产生的相关矛盾时，战略协同是能够调和各主体间价值冲突的重要手段。战略协同是解决价值观冲突的重要手段。制定战略协同的前提是需要充分了解不同利益主体对于校企合作的认知差异，在对各主体的不同战略进行精准分析后，找出其对应的利益均衡解决路径。在处理不同主体所具有的不同价值观冲突时，战略协同能够促进多方主体达成战略方向共识，最大程度地将主体间的利益冲突进行疏通与调解，避免因出发点及最终利益不同导致合作终止。

（3）资源层面的协同创新。校企合作需要资源的整合利用，丰富学生的综合能力框架，各主体需要提供相关优势资源，将这些资源重新整合，能够有效提升教育质量，是校企合作不断深化的基本保障。通过学校和企业共同建立文化体系，从根本上协调双方矛盾点和利益冲突点。通过校企合作，可以迅速完成学校与企业之间的资源信息交换，培养学生的跨文化视野和跨学科思维，以此来提高整体教学水平。同时，通过合作也能降低双方对于培育人才所付出的相关资源成本，这也是一种维护双方共同利益的有效方法。协同创新在校企合作机制中具有一定的核心引导作用，通过整合学校与企业之间的利益平衡关系，可以有效地改善因利益失衡造成的参与效应缺失问题。资源协同是校企合作机制进行的有力保障。校企合作机制的制定，离不开多方主体的资源共融，通过发挥各方主体的资源优势，将优秀资源进行重新整合、筛选、利用，能够有效提升教学课程质量，有利于学生多方位综合素质提升。各个主体在合作过程中通过互动交流、资源共享，最终化解合作关系中的矛盾以及利益冲突点的协同，能够有效地让合作双方站在对方的角度思考问题，更利于达到协同创新、合作共赢的效果。

（三）共生理论

1. 共生理论的内容

共生的概念源自于自然界中，它指的是生物系统内存在的自然现象，涵盖了自然演化和生态系统运行的相关规律性内容。共生指通过利害关联将不同的主体联合起来，它既指不同主体间形成了协作的关系，又包含了这种关系可以维持均衡稳定的协作状态[①]。共生从词源来看，对应的词汇分别有源自希腊语的 symbiosis 和源自拉丁语的 conviviality。其中 symbiosis 是以生态学的共享性为基础，以各要素之间的

---

① 廖志良等：《以校企合作构建高质量协同育人体系的思考》，《产业与科技论坛》2022年第5期。

关联性为纽带，建立起协作关系的共同体，两者间具有维持自我完成均衡的协作关系。而conviviality则指人们热爱交际，在双方目标、关系、文化背景不同的前提下，在详细了解对方对事物的不同见解后，能够充分尊重对方与自身不同的观点与想法，并通过借鉴对方不同看法中的优点启发自身。共生概念是在1873年由德国学家德巴里提出的，他认为共生是由多种不同物种的生物聚集在一起，20世纪初期，随着生物学家的进一步研究，认为共生是一种在生活中极为普遍的存在现象，并针对这种现象做出了更准确的范围划分，使人们能够更清楚地认识到共生理论。共生协同理论是由德国物理学教授赫尔曼·哈肯在撰写的《协同学导论》中提出的，他认为共生协同是一种客观存在，而这种客观存在又是由许多不同因素组成，这些因素之间具有相对稳定与非稳定状态的特征，如果要使这些因素进行有效组建，就必须要将非稳定状态的因素转变为稳定状态，这时就需要借助共生协同原理，完成对二者状态差异性的相互补充作用，以此来促进协调的共生发展。由各个因素间由竞争、独立性以及合作关系演变而来，并通过协调与合作强化整体实力提升，以此来达到共同进步的目的。作为交叉性的学科，共生协同理论已广泛应用于现代经济学，这也为校企合作机制提供了新的借鉴与方法。

2. 共生理论对人才培养的理论借鉴

借助共生理论，可以深度剖析学校、企业以及学生的关联因素，突出校企合作中各方主体的地位以及各方资源优势，促进校企合作机制的有效运行。随着我国社会经济的不断发展，校企合作模式也逐步融入社会环境，营造健康的共生发展走向。共生理论是校企合作的重要逻辑基础，借助共生理论可以有效分析校企合作的管理创新要素，强化学校和企业之间和谐共生关系。随着我国经济社会的不断发展，校企合作的模式也在不停探索创新，并逐渐融入整个社会大环境，营造出一个健康的共生系统。校企合作的共生系统内，学校和企业作为不同的共生单元，为校企合作提供了基本物质条件，承担共生载体的职责，同处于校企合作的共生环境下，将企业环境融入共生单元中，以教学项目作为重要教育载体，通过项目型、资产型等不同共生单元的设置，切实提升学生实践层面的工作能力。以合作为纽带，通过政府层面的宏观引导，不断加强学校与当地优势企业的沟通合作，将知识、技能与实践进行有机结合。在校企合作模式下，学校积极借助政府资金支持进行学科建设和课程优化，实现硬件实力的优化提升，并在企业的参与下，始终保证学生培养紧跟市场需求和时代步伐，实现校企命运共同体的打造。在共生理论的影响下，校企合作的本质和出发点得以精准定位，并且由于共生系统本身存在的竞争性，共生理论在用于指导校企合作时还可以发挥反映组织发展趋势的重要作用，为校企合作在新常态下如何发掘发展潜力提供逻辑层面的重要参考。基于共生理论对校企合作模式进行深入分析，有助于探究各校企合作模式中具体的共生单元和模式运行规律，有助于总结校企合作模式下的成功经验，也有助于推动校企合作在组织结构、教学行为模式等方面的积极变革，使得产教融合模式更加科学，有助于营造校企合作的利益共同体，营造健康和谐的合作氛围，形成促进校企合作深度发展融合的良性机制，助力国家高素质、多元化、技术应用型的人才培养[①]。

四 研究思路与内容

（一）研究思路

本书将重点研究应用型本科会计专业人才培养问题。首先分析了协同育人视角下应用型本科会计专业人才培养优化必要性，包括传统会计专业学生应具备的职业能力、新时期会计岗位能力重塑、影响本科会计专业学生职业能力培养影响因素、国外会计人员能力框架研究以及基于岗位能力培养的会计人才培养改革必要性。在梳理我国产教融合政策发展历程基础上分析协同育人各主体职责以及我国目前协同育人主要模式。在对教育部协同育人项目立项数据分析基础上，分析应用型本科高校会计专业人才培养存在的问题。在发达国家协同育人机制的有益经验的基础上提出基于协同育人的会计专业人才培养优化路径，例如构建校企共赢的动态机制，提升人才培养质量、共建产教

---

① 张琳：《公私伙伴关系（PPP）在我国城市公交服务中的应用研究》，硕士学位论文，东北财经大学，2016 年。

融合教学平台，拓宽会计专业产教融合渠道、推动校企课程衔接，形成课程创新模式、创建以职业能力为核心的教学体系以及拓展产教融合校企合作教材开发等，并分析了人才培养前瞻方向，研究思路如图1-2所示。

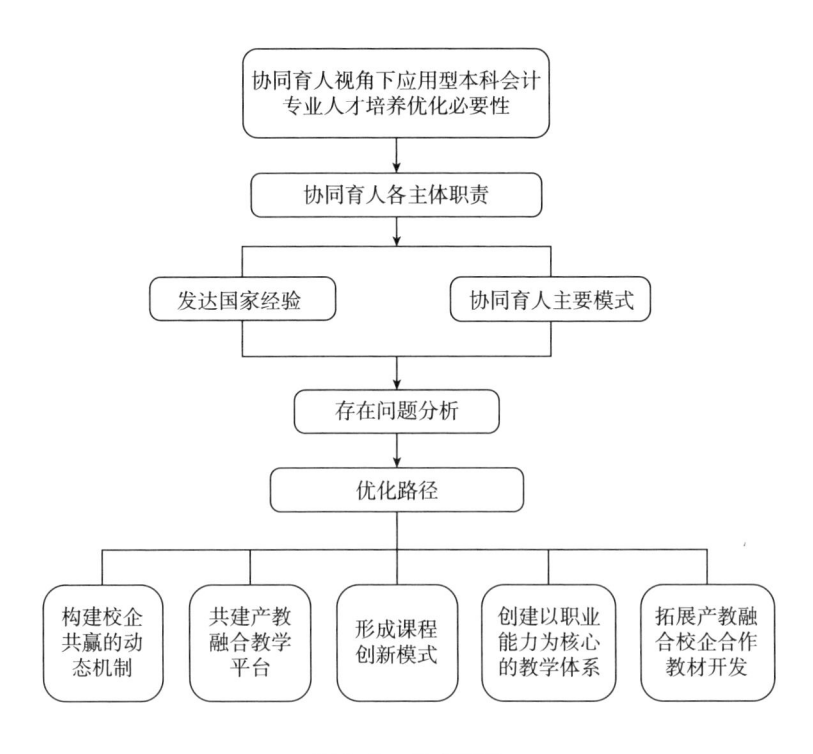

图 1-2 技术路线

（二）主要内容

（1）分析协同育人视角下应用型本科会计专业人才培养优化必要性。

（2）梳理我国产教融合政策发展历程基础上分析协同育人各主体职责以及我国目前协同育人主要模式。

（3）在对教育部协同育人项目立项数据分析基础上，分析应用型本科高校会计专业人才培养存在的问题。

（4）在发达国家协同育人机制的有益经验的基础上提出基于协同

育人的会计专业人才培养优化路径。

（5）分析了人才培养前瞻性研究方向。

五　创新之处

（1）研究内容的创新，在对教育部协同育人项目立项数据分析基础上，分析应用型本科高校会计专业人才培养存在的问题。

（2）研究视角的创新，以协同育人为切入点，提出应用型本科会计专业人才培养模式优化路径。

第二章 应用型本科会计专业人才培养优化必要性分析

职业源于人类社会发展产生的劳动分工现象。随着社会发展，人们通过为社会提供服务并且获得相应的报酬作为其生活来源。从社会学视角进行解析，职业代表着劳动者的社会角色及该角色相应的责任与义务。而从人力资源上讲，职业是指涵盖不同内容形式的各种工作岗位。能力指的是人们可以完成某项活动的素质，通过具备一定的能力，使人们可以完成一些特定的活动，并从中实现自我价值。将个体所具备的知识、能力进行整合类化，从而达成的能够完成工作任务的能力即为职业能力。职业能力是人们所具有的各项能力的综合表现，在职业能力的影响下，人们可以顺利完成工作任务，并且通过学习不断升级以适应不同的工作需要。职业能力可以分为任职资格、职业素质和职业生涯管理能力三部分，只获得任职资格是不足以获得长久的职业发展能力的，还需具备相应的职业素质和职业生涯管理能力。

会计岗位能力指的是会计人员在完成工作任务时体现的自身能力，借助这些能力可以帮助会计人员顺利完成相关工作任务，它包括会计人员的职业素养、相关知识结构及专项的职业技能等方面。基于大数据背景下，企业要在激烈的市场竞争中保持发展活力，必须向数字化进行转变，随之也向以传统财会技能为主的会计人员提出岗位能力转型升级的新要求。会计人员需要提升自身业务能力，适应大数据背景对会计岗位能力提出的新要求，为企业转型升级助力。会计岗位能力所包含的内容较多，主要为基本操作能力，即可以编制相关凭证，使用会计账务处理软件，整理财务档案等基本能力；会计核算能力，即对货币资金、员工薪酬等进行核算的能力；财务报表编制及分析能力，对资产负债表、利润表和现金流量表等财务报表进行编制和分析；成本核算能力，即对相关成本和折旧的计算能力；出纳操作能力，即设置日记账、点钞等相关出纳实务操作的能力；纳税申报能力，财务管理能力等，包含了组织管理、数据处理、信息化、业务执行、财务管理与分析、资金核算等多个层面，此外，还应具有基本的创新力、适应力、沟通协作能力等①。

第一节 传统会计专业学生应具备的职业能力

传统会计专业学生应具备的职业能力主要包括职业价值观、基本能力、专业能力以及职业发展能力，传统会计专业学生应具备的职业能力如图 2-1 所示。

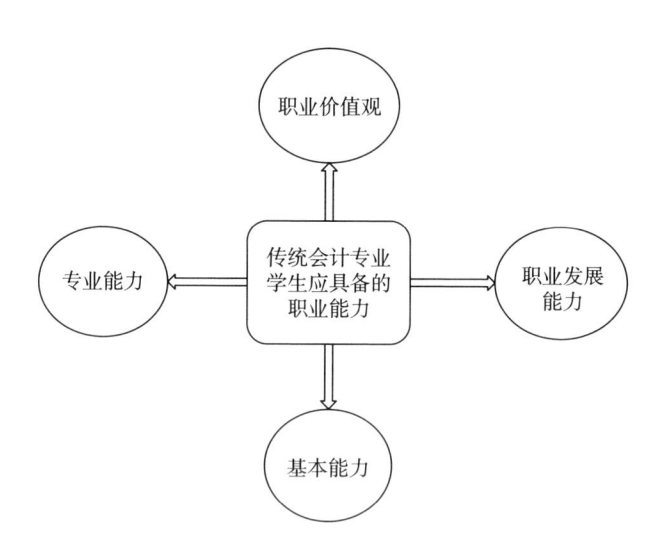

图 2-1 传统会计专业学生应具备的职业能力

---

① 李正章、彭珏：《外向型、应用型本科会计人才培养探索》，《西南师范大学学报》（自然科学版）2021 年第 12 期。

一 职业价值观

美国注册会计师协会将职业能力描述为是一种才能方面的要求,具备了职业能力才能够以高标准为目标,高效率、高准确率地完成工作。从心理学角度来看,职业能力以情境综合能力为表现。职业能力是从业者必须具备的、涵盖了专业知识和个人技能方面的综合能力,体现职业者的综合素质,以及在职业道德等方面的具体情况。职业价值观指的是人们对自己职业的认识以及相关向往,体现了个人世界观、价值观和理想信念,对人们的就业择业行为具有重要影响。由于每个人阅历、兴趣和成长环境的不同,对于职业的理解也各不相同,加上不同职业工作内容、劳动强度和薪酬待遇等差异,这些因素影响着人们对于职业的主观评价和职业取向,形成了人们各不相同的职业价值观。职业价值观关系着一个人对自己职业的认知和基本态度,对人们的职业发展和工作习惯及态度的养成具有重要作用,是人们在职业角度所涵盖的人生目标和追求,也是会计专业学生必须具备的基本职业能力之一。职业价值观包含两个层面,首先是需要具备正确的政治思想,学校作为向社会输送人才的摇篮,在育人过程中必须注意学生正确政治思想的塑造,帮助学生了解社会主义核心价值观和中华民族伟大精神文明,树立爱国意识。其次是需要具备良好的职业道德。会计人员把握着企业财务安全的命脉,必须以身作则,树立良好的职业道德规范,真正做到爱岗敬业、廉洁自律,以端正的工作态度和饱满的工作热情投入到会计工作中去,保障企业的资金安全和财务系统的正常稳定运行。

二 基本能力

会计基本能力的标准主要是能否胜任会计工作岗位、具备会计工作岗位或者经济管理岗位所需要的各项能力。会计职业能力中的基本能力与其他职业基本能力存在一定的共性,体现了在社会适应或者工作发展中必须具备的技能。对于会计岗位而言,基本能力涵盖语言表达能力、沟通合作能力、创新力、学习力等。语言表达能力要求会计从业人员需要凭口头或者书面进行事项表达,撰写书面报告等。沟通合作能力则更加看重从业人员与团队成员的沟通与合作。要求从业者能够在团队中不仅能够发挥个人能力，还要以合作的形式开展工作。创新力和学习力是近年来对会计从业者提出的基本职业能力，要求从业者要迅速适应会计行业的新兴事物及行业发展新趋势，学习会计软件的应用并积极创新，从而实现自身能力的优化提升。基本能力是人们完成岗位任务的基础，一个人具备基本的职业能力才能够获得工作岗位。对本科高校会计专业学生来说，基本能力首先指的是一些通识类知识，它可以包括对世界经济发展趋势、世界文艺和各国人文的了解度，辨别是非对错的基本思想等，也可以指一些批判性思维和理解能力，形体知觉和手眼协调能力等。其次，会计专业学生需要具备的基本能力还包括积极健康的心理状态和沟通能力，能够用语言进行交流和表达自身意见。身为会计人员，有时需要面对复杂的工作，这时必须具备稳定的心理素质，解决工作中遇到的各项难题，解决企业财务运行过程中出现的各项突发状况，帮助企业遵守财务相关法律法规，实现正常运行。另外会计岗位还需要与外部进行联系，例如与银行、国税局等单位进行对账和业务方面的沟通，这时既需要具备良好的心理状态，又需要具有一定程度的抗压能力，还需要具备高效的沟通能力。再次，随着无纸化办公和线上办公系统技术的逐渐普及，会计专业学生还应当具备计算机的应用能力，能够利用计算机完成线上财务流程。最后，由于世界经济一体化的持续深入，许多企业存在一些涉外业务，这就要求会计专业学生具备一定的外语能力，例如与国外客户进行沟通的能力以及相关外文文件进行阅读和处理的能力等。

三　专业能力

会计岗位专业能力更强调会计从业者的专业技能，受会计岗位职责的影响，大致分为基础性技能、实操技能和拓展技能几个方面。会计岗位专业基础性技能要求会计从业者具备点钞、字符录入、使用办公软件实现自动化办公等能力，缺乏基础性技能的从业者无法自主完成会计岗位工作。实操技能也是会计岗位的关键指标，在工作中发挥着重要作用。由于会计岗位存在总账、报表、出纳、销售等差异，其所要求的实操技能也不同。例如对于出纳岗位而言，要求从业者能够独立进行银行业务办理，处理现金收付款、现金盘点工作，编制资金流动报表等。而总账会计则要求能够处理日常账务工作，进行原始凭证入账的复核工作等。拓展技能则指的是会计工作能力中涉及企业管理领域的能力，例如投资管理、成本管理等。专业能力是会计专业学生职业能力的核心，是企业选人用人时最看重的能力。会计专业能力指的是会计专业的学生所应具备的与本专业相关的知识和技能，可以分为会计知识和会计实操技能两部分。对于会计专业而言，专业知识的范畴包含了会计核算、成本分析、纳税、电算化等基本专业知识。而专业技能的种类则较多，主要包括出纳业务操作技能、核算与分析技能、软件应用、税务处理等。其中，会计业务核算能力和纳税核算能力是专业能力的核心，具备核算能力才能够完成各项会计核算相关工作，掌握纳税核算能力才能够保障企业经济利益安全，顺利完成企业的纳税申报业务。另外，会计电算化能力也是企业招聘财会岗位的基本条件，会计专业学生应当掌握会计电算化能力，对电算化系统进行应用，编制会计报表和相关财务凭证，并完成日常对账等基础性工作。能够具备处理会计相关出纳、核算业务，进行会计电算化操作、通过正确编制财务报表对公司财务情况进行分析、正确操作税务相关业务，进行科学的资金预算和资本运营活动，适应工作需要，为企业创造效益。

四 职业发展能力

会计职业发展能力可以分为组织管理能力和职业判断能力等。组织管理能力主要关注会计从业人员能否对经济活动中的"人""财""物"进行合理调度，通过合理的组织管理实现运作效率的优化。而职业判断能力则指在法律允许的范围之内，根据自身经验和专业能力，对企业经济事项做出正确的会计处理能力。会计岗位职责随着时代发展不断更新，这就对会计人员职业能力形成了一定挑战。会计岗位职责的不断变化要求会计人员具备一定的适应力、抗压力和学习能力，能够通过自身学习快速适应新的岗位职责，学习行业最新政策，掌握国际税务、跨国业务操作等新兴板块内容，正确进行公司相关会计业务操作，在实践中不断磨炼自身技能。除专业能力之外，会计专业学生还应该具备的相关职业能力，主要指一些社会能力和综合能力，例如人际交往和沟通能力、协作能力、自主学习能力、环境适应能力和创新能力等。同时，会计岗位在公司中与众多部门相联结，需要保持持续的沟通协作，为此，会计专业学生还要具备成熟的人际交往与沟通能力和表达能力，与其他部门人员进行有效沟通，对一些突发事件迅速反应，在保障工作效率的基础上，不断提升自身工作质量。出于会计工作的特殊性质，会计专业的学生必须培养严谨的职业态度，保持对数字的敏感意识，并且不断提升对信息进行整合分析的能力，为企业提供真实可靠的财务数据信息及准确的财务报表。

第二节 新时期会计岗位能力重塑

大数据一词起源于国外，最初是由英文直译而来，指的是一种对数据具备搜集和分析功能的工具，如今，大数据可以理解为使用一些现代化的科技产物对信息进行快速搜集、识别和整理的技术。大数据是新兴的时代产物，属于信息资产的范畴。大数据涵盖了以下五种主要表现。第一，存储量大，这也是大数据最显著的特点之一。对大数据而言，存储信息的数量可以以 PB/EB/ZB 来计，在此基础上还可以根据客户需求进一步扩充。巨大的存储量使得信息交互传播速度和存储质量得到显著提升。第二，所存储数据的种类呈现多样化特点。大数据可以存储和处理的数据有结构化数据、非结构化数据，还有半结构化数据等，种类繁多。第三，更快的处理速度。大数据依托计算机技术的应用，随着计算机技术水平的不断提升，大数据具备了更快的处理速度。第四，数据处理的难度持续上升。具体到会计行业来说，大数据作为信息收集和处理的工具，财会人员必须具备非常牢固的专业知识基础，并且还需要具备一定的实操技能，并且随着时代进步和科技发展，财会人员需要不断学习以应对不断提升的数据处理难度。第五，数据质量不均衡，存在大量垃圾数据和虚假数据。利用大数据技术传输的信息及数据价值密度并不高，需要财会人员在大量数据中进行精准提炼，以发掘其中具有商业价值的数据。大数据时代发展对会计专业能力提出了新的要求，例如大数据分析能力、大数据纳税筹划能力、大数据审计能力以及大数据管理能力等，如图 2-2 所示。

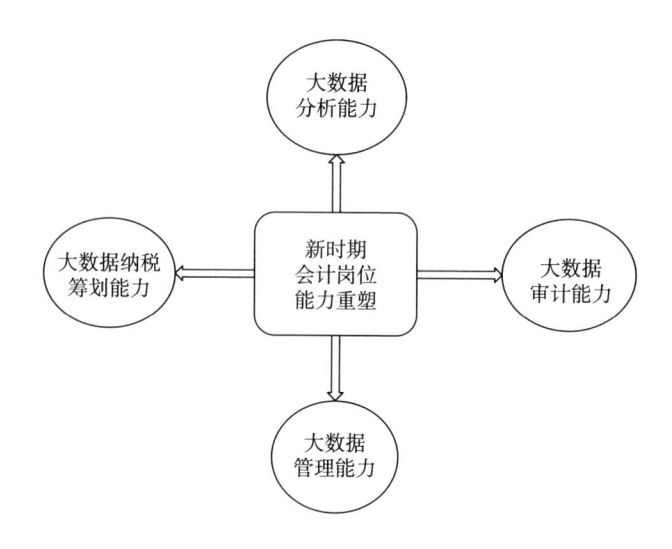

图 2-2 新时期会计岗位能力重塑

一 大数据分析能力

大数据分析能力是会计岗位能力重塑的重要方面。不同于以往数据处理过程中从数据库直接调取结构化数据的做法，大数据背景下，企业能够获得的都是一些网页、视频等数据，结构化数据的比重大大降低，转为以非结构化或者半结构化数据为主。并且随着云计算的普及，人工智能迅速发展，获取信息数据的体量远远超过以往信息量，无法采用以往精准检查复核的数据处理模式，需要在数据精准度标准方面予以重新定义和适度放宽，将关注点转向数据最终的使用效果上来。以往会计人员可以对错误数据进行精准剔除，以杜绝错误数据对最终结果的影响，但这种数据处理模式不能适应大数据背景下庞大的数据数量，这就要求企业财务会计人员需要具备大数据分析能力，会计人员需要加快数据处理能力的转型升级，适应大数据背景下数据类型的转变和数据处理工作模式的变革。随着大数据的不断普及，企业会计人员除了需要具备相应的专业知识之外，还需要对大数据智能系统进行学习，对相关数据进行统计分析，有效进行数据预处理，提升数据可视化，并通过对相关项目进行深入分析、挖掘和整理，制订项目研究计划并进行呈现。

二　大数据纳税筹划能力

大数据纳税筹划能力也是基于当前大数据时代背景下会计岗位能力重塑的重点内容。纳税筹划是企业运行的重要组成部分，合理的纳税筹划方案可以帮助企业理顺税务运行的各项环节，保障企业的正常经营秩序。因此，对于企业会计人员来说，需要加快建立大数据纳税筹划能力，学习关于大数据纳税筹划的各项知识与技能，从设立、投资、筹资、采购、销售、核算环节帮助公司实现合理避税，优化公司申税流程。进入经济发展新时期，我国的税务改革工作也在不断更新升级，以适应时代发展趋势，逐渐突破传统的业务办理流程弊端，将税务的申报、稽核等机制中逐渐引用了人工智能财务机器人来替代一些手工的高重复性工作。这是财务处理发展升级的必经之路，也对当前会计人员的执业能力形成了一定考验。为此，会计人员需要不断提升纳税筹划能力，适应数据治税的新发展趋势，在符合法律要求的基础上，帮助企业进行合理避税，实现节税。除合理避税操作外，会计人员还要积极学习大数据背景下税收风险评估和税收决策等相关内容，提升纳税筹划的专业素养，利用云平台对公司同期税收数据进行收集和分析，通过与整个行业数据的比对，不断优化公司纳税申报模式和周期，提升企业竞争力和发展活力。

三　大数据审计能力

大数据背景下，传统审计模式覆盖范围小、审计深度差的弊端日渐明显，传统审计模式正在经历变革。为此，会计岗位能力还应实现在审计层面的重塑，积极加强审计与互联网+的互动与联合。在传统会计业务操作中，审计需要审计前准备、执行和评估三个步骤完成，每个步骤都涉及数据的采集和提取等工作，在传统审计操作中，审计人员手动完成这些信息采集工作，占据了较多的时间和精力，并且审计质量也无法得到有效保障。随着数字化技术的不断进步，传统审计模式受到颠覆，通过引入人工智能财务软件，解放了审计人员手动收集整理数据的劳动,逐渐实现数字化审计。为此,会计人员需要尽快适应审计模式的升级,转变传统审计思维,根据公司业务制定职能财务机器人的审计原则和相关逻辑,使用人工智能技术提高审计质量和效率。在大数据审计能力的培养过程中,应当对数据分析、审计方法与技能、执行、评估等能力进行重点培养。通过数据分析能力的培养,使得审计人员具备数据预处理能力,借助科学审计方法和技能,挖掘整理相关信息,按照公司业务实际设置人工智能财务机器人的审计逻辑,执行数据审计,并进行有效审计评估。

四 大数据管理能力

随着时代发展和人工智能技术的不断成熟,传统会计岗位能力已经不适应市场和企业需求,会计岗位能力结构发生变化。通过分析企业对于财会人员的能力需求可得知,具备解决问题和大数据管理能力的人才更加能够符合企业的岗位需求,也更能适应国家经济发展速度对企业管理模式优化提出的新要求。会计人员的大数据管理能力是企业管理模式优化和运行秩序理顺的内在动力,能够实现传统企业管理模式的突破,帮助企业打造转型发展期的人力资源优势,适应经济建设速度放缓的市场现状。大数据管理能力可以包括借助大数据和人工智能技术对数据进行分析统筹和审计能力的提升方面,也可以包含人际交往和领导力层面的相关管理技能。在大数据管理能力模式下,企业会计人员具有稳固的知识基础和实操技能,能够对信息进行爬取和整理,并且还可以精准识别风险,提出有助于公司决策制定的有效建议,帮助企业实现风险管控和平稳运行,提升企业核心竞争力。另外,由于经济飞速发展,市场竞争日益激烈,企业需要的人才不只是能够完成基础操作的业务人员,而是转向管理型、决策型人才层面,财务会计人员需要快速适应商业业态的更新和传统会计工作模式的转变,培养决策管理能力,提升大数据管理能力。

第三节　影响本科会计专业学生职业能力培养影响因素

影响本科高校会计专业学生职业能力培养的因素主要包括个体因素、教育因素以及环境因素等，如图2-3所示。

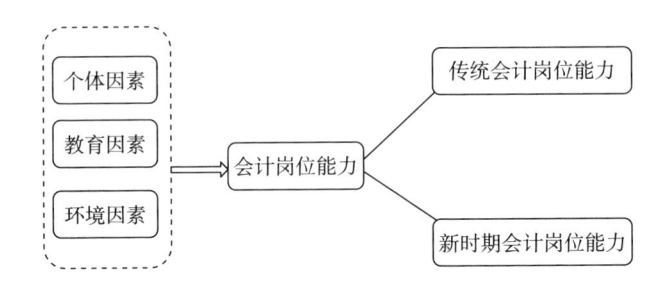

图2-3　本科会计专业学生职业能力培养影响因素

一　个体因素

个体因素是影响本科高校会计专业学生职业能力培养的重要内在因素，在本科高校会计专业人才培养过程中，需要尊重不同学生的个体因素，从而发挥更好的教育效果，提升会计专业的人才培育质量。对于本科高校会计专业的学生来说，每个人都有不同的成长环境和兴趣爱好、个人性格等，这些个体方面的差异因素影响着学生职业能力的培养。例如有的学生在会计领域十分具有天赋，或者对于会计行业非常有兴趣，这样的个体因素提升了学生学习的质量，帮助学生顺利实现会计专业职业能力框架的构建。但有的学生具有比较复杂的成长环境或者紧张的家庭氛围，或者自身性格比较内向、消极等，这就容易使得学生在学习方面缺少良好的积极性，并且容易导致学生的不自信，对学习质量和个人发展产生消极影响[①]。

二 教育因素

教育因素是影响本科高校会计专业学生职业能力培养的重要指导因素，良好的教育能够弥补学生在性格方面的相关缺陷，提升学生的学习质量和效率。教育作为人才培养的重要途径，对学生的知识结构和思维模式都具有较大的影响，是学生培养能力、获取知识的基本方法。教育因素作为影响本科高校会计专业学生职业能力培养的重要因素，构成这一要素的主要角色就是学校。教育因素对本科高校会计专业学生职业能力培养的影响主要体现在以下几个方面。第一，学校可以通过有效的德育帮助学生树立良好的心理状态和正确的价值观，建立积极的人生理想，有助于促进学生形成对职业的向往，主动培养职业能力，为学生职业素质的提升和职业能力的塑造打下基础。第二，学校通过合理的课程设置和教学模式，可以在教学过程中渗透对学生职业能力的培养，使学生有机会提升专业水平与职业能力。第三，学校还可以通过有效的实践手段夯实学生的知识基础，帮助学生在实践中培养职业能力。

三 环境因素

环境因素是影响本科高校会计专业学生职业能力培养的外部因素，学生所处的环境可以分为社会大环境和校园环境两个部分，这两个部分都会对学生职业能力培养产生一定影响。对于会计专业学生而言，社会大环境包括整个社会的政治、经济、文化环境，在社会大环境下的会计行业最新政策及发展趋势可能对学生的观念和学习内容产生一定影响，校园环境的影响则更为直接。学生身处专业度较高的院系中，或者可以享受到比较完善的硬件学习资源，又或拥有比较和谐的人际关系等，这些环境要素都会对职业能力培养产生积极作用，反之则会对学生的学习热情产生消极影响。

---

① 董淑兰：《应用型本科会计学专业人才培养质量影响因素研究——基于"互联网+"背景下会计教育教学改革的调查》，《嘉兴学院学报》2022年第2期。

第四节 国外会计人员能力框架研究

一 国外会计人员能力框架研究

对于会计职业能力框架的研究，比较有代表性的有国际会计师联合会的职业能力框架、联合国贸发会议的《职业会计师资格要求国际指南》、加拿大特许会计师公会的能力框架、美国注册会计师协会的能力框架、英国特许会计师协会的能力框架等，它们都具有职业能力框架的制定必须配备明确的目的和对象、选择合适方法进行研究和分析以及职业能力框架制定必须符合本国实际等特征，如图2-4所示。

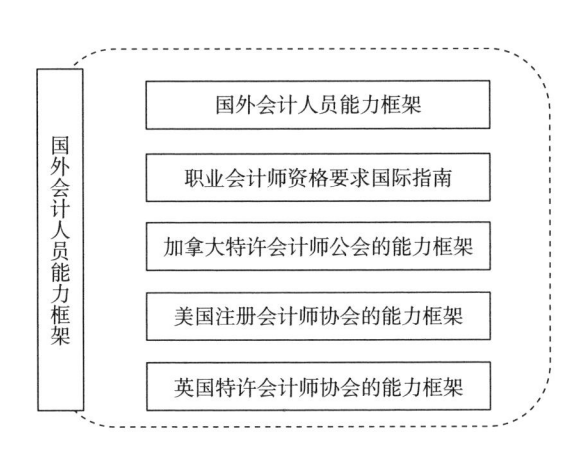

图 2-4 国外会计人员能力框架

（一）国外会计人员能力框架

1. 国际会计师联合会的职业能力框架

国际会计师联合会（IFAC）曾将职业会计师的素质能力划分为态度、行为技能、商业视野、功能技能、技术性知识和理性技能六个部分。其中，态度可以理解为职业会计师需要具备良好的职业价值观，在端正的态度下开展会计工作；行为技能可以包含领导力、沟通能力等；商业视野指的是职业会计师需要对企业运行提供正确的决策和战略决断的相关意见；功能技能指的是在会计岗位中进行业务核算或者企业运营风险管控的相关功能性技能；技术性知识是有关会计实操过程中需要用到的督查审计等相关知识；而理性知识则指的是在理解分析方面或者应用、评价的能力。国际会计师联合会职业能力框架的六个部分其实可以归纳为三个类别，分别是知识、能力和态度，每个类别又可以各自细分。知识首先包括一些基础知识，例如一些逻辑思维和判断力，可以通过接受基础性教育进行培养获得。其次还包含一些企业组织管理的相关知识、计算机应用和会计专业岗位内容的相关知识等。能力部分主要指的是会计人员不断积累职业经验，进行自主学习后获取的有助于自身职业素质整体提升的相关能力。例如推理判断能力、环境适应能力、人际交往能力、沟通和协作能力等。态度指的是职业价值观部分，职业会计人员需要具备完善的职业价值观，承担会计岗位的相关责任，秉承客观的原则和行业标准进行会计工作。

2. 联合国贸发会议的《职业会计师资格要求国际指南》

20世纪末，联合国贸发会议发布了职业会计师资格要求国际指南，对全世界各国职业会计师资格的相关审核规则设定具有重要的参考意义。联合国贸发会议发布该指南表明联合国国际会计和报告标准政府间专家组对会计教育的重视程度，也表明联合国贸发会议认识到必须按照资本主义市场的实际发展状态和需求来引导整个会计教育行业的调整优化，以联合国贸发会议为主体，协调国际会计职业资格标准，设立该指南，为各国提供借鉴，也为会计职业人员指明自我发展升级的方向。通过对国际会计职业资格标准的有效协调，能够保障部分国家和地区顺利进入国际资本市场，避免因职业标准壁垒导致对一些发展中国家进入国际资本国际市场产生阻碍。指南主要使用了投入法等相关分析方法，推出统一的职业会计师资格标准，从教育、能力、实践经验和职业道德方面都提出了具体要求。尤其是对会计人员想成为职业会计师应当接受的基础教育进行了详细分类和规范描述，主要以组织和商业知识、信息技术、会计专业知识三个角度来描述。在组织和商业知识角度，指明会计人员需要掌握经济学、统计学和经营管理层面的相关知识。在信息技术角度，建议会计人员需要具备计算机应用能力，对商务系统进行开发和使用的能力等；而在会计专业知识角度，则要求会计人员加强对基础会计、管理会计、税务审计等方面知识技能的培养[①]。

3. 加拿大特许会计师公会的能力框架

加拿大会计制度具有会计信息披露的可视化与侧重风险管控两个特点。

（1）加拿大会计制度中，会计信息披露的可视化是其显著特点。在加拿大各省区财政部门的工作中都可看出不同的会计信息披露可视化程度。其中，加拿大联邦财政部和一些省区中，财政部门会积极运用一些可视化技术，并基于能够让公众及时接收并理解的角度，对自身的财政运行情况及相关数据进行编制和公示，形成交互性的会计信息数据。为提升会计信息披露可视化程度，联邦政府还推出了加拿大公共账簿等，用以加强民众对于会计信息披露工作的参与感，并且能够建立自身对于一些资金项目和费用等数据信息以及政府当前财务整体情况的理解。在账簿中，涵盖了关于相关财政部门的财务报告分析，还披露了政府各部门财务报表等数据，通过对账簿中相关会计信息的分析，公众可以时刻了解政府当前的成本与收入情况，以及财政赤字的相关状态等，把握政府当前的应付账款和债务情况。会计信息披露的可视化使得加拿大民众对政府收支明细情况有较为明确的掌握，透明化的会计信息数据事无巨细地展示了政府各项服务的具体支出明细，并且为进一步提升民众参与感，对于公开的会计信息和财务数据还提供多渠道的下载功能，供民众下载阅览。

（2）侧重风险管控。由于风险管理对于保障会计信息质量和财政运行秩序的重要作用，加拿大公共部门会运用一些会计数据有效加强风险管理的能力，保障会计信息质量的全面性、及时性和可靠性。为充分发挥风险管理工具的作用，各政府部门和卫生机构等都建立起自

---

① 周洪宇：《中国共产党领导教育的百年历程与历史经验》，《国家教育行政学院学报》2022年第1期。

有的风险管理系统,并将其与政府决策挂钩,与政府系统之间搭建数据共享的渠道等。另外,还从管理手册和管理框架等规章层面进一步规范会计数据的应用,强化风险管理能力提升的效果。在不列颠哥伦比亚省中,对于核心程序的风险管理和资本资产管理等工作都有具体的规章条例,对 ERM 系统的推广和使用进行规范,并且还建立了政府内网,供各部门获取有价值资料和进行信息共享。关于政府财政风险成立了政府风险管控办公室,对相关补偿赔偿项目进行合理审查和管控,防范政府部门工作中可能产生的财务风险。政府内网还承担着沟通渠道的重要作用,为政府不同部门之间提供讨论平台,在内网沟通渠道的支持下,公共部门人员对保险问题的协助处理等进行有关建议的制定和讨论,涵盖了保险的类型和购买,以及一些合同用语的内容,就政府采购项目进行风险评价,实现及时的风险管控。

(3) 加拿大特许会计师公会能力。加拿大特许会计师公会(CI-CA)描绘了职业会计师的能力导图,采用功能分析法对职业能力框架进行描述和分析。在加拿大特许会计师公会的能力框架中,基础能力要求是其关注重点,并且清晰展示了特许会计师不同层级对应的能力,为其他国家会计教育提供了重要借鉴。加拿大特许会计师公会的能力导图中将会计职业能力划分为职业能力、胜任能力、普遍能力、特定能力四个部分。职业能力强调通识层面的职业态度和职业行为,而胜任能力能关注会计岗位中的各项工作完成能力。普遍能力指的是作为特许会计师所应具备的最基本的能力,完成每项工作时都会用到,例如良好的职业道德和稳定的专业技能等。而特定能力的要求更为严格,它包括有效评估风险并及时进行管控的能力,参与财务决策的能力,税收筹划、审计和业绩评价能力,信息技术应用等。加拿大在会计信息质量保障方面提供了基础性保障,对于会计信息质量的可靠性做出了严格要求,从而为循证决策的执行创造了条件。循证决策中心能够快速分析当前重大决策建议,并且实现资源的调配,完成对项目的评估。在加拿大联邦政府运行过程中,不论是医疗领域还是卫生领域,都能够体现出循证决策的特点。对于事关基础设施建设的重大事项,加拿大政府都积极推行了循证决策方法,从而积极带动加拿大公共部门财务会计工作的升级,顺利完成从财务会计到管理会计的过渡。循证决策对于会计信息数据的有效管理具有充分的积极作用,联邦政府通过对当前公共设施和基础建设情况进行分析后表示,客观的基础设施数据是循证决策顺利推进的重要基础,而在高效全面的会计信息基础上,循证决策得以在加拿大的各领域和各省市广泛推行。

4. 美国注册会计师协会的能力框架

在美国注册会计师协会提出的19项能力框架中,对职业会计师能力要求范围比较广泛,既包含会计审计、行政管理、风险管控等技能方向的能力,又包括人际交往能力、学习能力和销售能力等社会性能力,还包括商务咨询、创新能力、效率和智力能力等专业层面的能力,其能力框架呈现多元化、跨领域的特点。在AICPA提出的19项能力模型中,还将这19项能力分为高机会和低机会两种层级,具备了低机会层级的各项能力,只有具备高机会层级的各项能力,才会获得AICPA在职业会计师将来应对新兴鉴证服务能力方面的认可。

5. 英国特许会计师协会的能力框架

英国特许会计师协会(ACCA)的能力框架使用的是职业发展手册的模式来展现,通过职业发展手册的制定与发布,为英国特许会计师协会的会员提供职业发展计划方面的相关参考和借鉴,并且帮助会员能够将职业评估手段和结果在实际工作中加以运用。在ACCA职业发展手册中,提出了关于职业会计师技能框架的概念,建立了特定的会计从业人员能力分析模型,并且配备了对该模型进行能力专向培训服务。职业会计师技能框架将职业能力分为以下四个部分的内容。第一是管理能力,要求会计人员具备一定的管理能力,能够完成对员工的管理和组织目标的实现;第二是工作效率能力,指的是会计工作人员具备明确的工作目标,不断提升工作效率,为组织创造价值;第三是业务管理能力,要求会计工作人员能够掌握组织运行的各项流程,保障组织各项业务能够有序运行;第四是技术能力,从技术角度提出职业能力的要求,完成对现有技术的应用和维护,并能够优化业务管理效果。

（二）国外会计职业能力框架研究对我国的启示

综上，国外会计职业能力框架研究对我国的启示主要包括以下三个方面：

1. 职业能力框架的制定必须配备明确的目的和对象

通过分析国外职业能力框架不难看出，AICPA/CICA/ACCA 的相关技能框架所面向的人群和框架运行目的各不相同。AICPA 主要关注基础人群，以推动会计课程改革为目的，从教学层面出发为教育工作者提供有关会计行业教育的资源支持；CICA 主要面向公众和 CA 考生，关注点在于会计行业的整体发展；ACCA 职业能力框架目的是帮助成员优化能力结构，建立职业发展规划，其面向人群是会员群体。由此可见，我国制定会计人员职业能力框架时也必须配备明确的目的和对象，充分考虑执业框架对会计教育和会计行业发展的作用机制。

2. 选择合适方法进行研究和分析

国外职业能力框架研究采用的方法多为功能分析或者素质能力分析法则，方法各有利弊，确认职业能力框架研究方法主要依据是实际研究需求，例如功能分析法能够获得详细的能力列表，虽然有可能出现过于详细的情况，但在能力评价时能够更加符合实际情况，素质能力分析法缺少在这方面的优势。因此，可以结合实际，选择合适的方法进行研究和分析，或者采用两种方法结合的方式开展执业框架的研究。

3. 职业能力框架制定必须符合本国实际

我国在制定职业能力框架的过程中，也必须坚持从国情出发，实事求是，发挥职业能力框架构建对优化本国会计教育和会计行业发展的积极作用，精准分析市场发展需求，为会计职业教育和行业发展提供依托。

第五节　基于岗位能力培养的会计人才培养改革必要性

当今时代是经济全球化高速发展、全球经济一体化逐渐深化的时代，在大数据技术逐渐成熟和普及的时代背景下，各行各业正在积极突破传统观念和发展模式的限制，探索行业转型和升级的新路径。对于会计行业而言，随着数字化和人工智能技术的不断发展，行业和企业对会计人员的职业能力提出了更高的要求，不仅需要掌握基本的会计核算技能，还需要具备大数据背景下对数据进行分析等职业技能，另外对职业道德、工匠精神、合作创新精神等方面都提出了具体要求。会计人员只有不断适应时代发展需要，使用会计信息运用和信息分析能力为企业提供准确的财务运行相关决策意见，才能够在激烈的人才市场竞争中不被淘汰。本科高校作为会计人才培养基地，其人才培养质量受到企业和社会各界的广泛关注，会计行业发展趋势影响着学校就业率，对学校教育改革也起到一定的促进作用。我国本科高校每年输送几十万的会计专业毕业学生，但由于各种原因，毕业学生的质量并不能够与企业、行业的人才需求完全对应。这种现象加剧了本科高校毕业学生的就业难现象，基于这种现象，加强本科会计学专业职业能力培养的必要性显现出来，基于岗位能力培养开展会计专业教育改革迫在眉睫[①]。

一 课程设置岗位针对性不足迫切需要人才培养改革

当前本科高校会计专业教学内容与实际会计工作岗位衔接不畅，课程设置的针对性不足，这种现象的产生与会计专业人才培养目标不明确有关，在会计教学改革中需要重点关注。课程体系缺乏一定系统性，没有完全遵循难度递增、循序渐进的学习规律，在脱离实际的会计专业教学内容框架下，学生无法认识到会计岗位的重要性和会计工作的相关岗位能力框架规范，导致无法建立完善的岗位意识和激发学习积极性。在当前会计专业课程体系中，对学生岗位能力的关注度不足，与会计岗位职责相关的信息较少，学生并不了解会计工作岗位职责的内容，在进入会计工作岗位之后，容易出现不适应工作实际的现象。随着国际化的会计服务市场建设和开放进程，会计服务监管和国

---

① 林瑞芳：《人工智能背景下应用型本科会计人才培养模式研究》，《吉林工程技术师范学院学报》2020年第5期。

际会计需求很高，加强本科会计学专业职业能力培养，能够有效提升会计行业从业人员的综合素质，带动会计人才整体队伍素质的提升，有利于我国会计服务业务与国际业务实现顺利接轨，提升行业核心竞争力，打造独特的人才优势，并为国家经济繁荣提供新的积极因素。目前会计行业人才需求缺口巨大，市场需求呈现两极化态势，基础会计人员数量庞大，完成一些基础操作，获取较低的劳动报酬，而真正掌握会计行业职业能力，获取相应的职业资格认证，具备新型会计职业能力的人才则少之又少。因此，有效消除行业壁垒，加强会计人才培养工作，使本科高校会计专业学生成为真正符合行业和企业要求的会计人员，获取相应的工作岗位，事关行业发展和企业建设质量。在完善的职业能力框架影响下，会计专业学生能够具备实际工作中所需要的各项能力，顺利完成各项工作任务，可以有效缓解就业矛盾，实现会计专业学生的顺利就业，满足自我价值实现的需要。岗位能力是会计人员职业能力的核心，具备完善的岗位能力，会计人员才能够操作企业的经济活动，解决财务方面的一些突发状况，帮助企业实现平稳有序运行。因此，基于岗位能力培养的会计教学改革具有必要性[①]。

二 人才培养目标无法与企业需求相匹配迫切需要人才培养改革

人才培养目标是本科高校会计专业人才培养顶层设计的重要组成部分，是课程设置和教学实践的基础，明确的人才培养目标有助于会计专业人才的有效培养，能够提升教育质量和人才综合素质。我国本科高校会计专业人才培养目标大多为德智体美全面发展，具有多领域能力的综合性人才。对于本科高校会计专业人才培养而言，需要具备更加明确的人才培养目标，并能够与专业教学成果相统一，在学生综合素质能力结构上有所体现。当前我国本科高校会计专业教学成果与人才培养目标无法和市场及企业需求相匹配，与区域发展程度不相适应，也与岗位实际需求不相符合，影响着会计专业学生整体素质。由于会计专业教学成果与人才培养目标呈现出的滞后性，使得学生无法

---

① 李娜：《财务共享服务视角下的应用型本科会计人才培养改革探讨》，《智库时代》2020年第7期。

发挥主体地位，导致僵化思维的产生，一些创新教学模式无法激发应有的课堂氛围和教学质量①。根据我国会计行业发展对专业学生的能力要求变更与本科高校毕业生能力实际相对比，发现学生所掌握的专业能力大多停留在理论层面，在实际工作应用中还有比较大的差距。这种差距影响着本科高校会计专业学生毕业后找到接收企业，实现顺利就业。或者即使实现就业，也会出现在实际的工作岗位中由于专业实操技能基础过于薄弱，无法完成岗位任务，出现数据出错或者报表编制错误、工作效率低下等现象。由于会计专业学生没有具备完善的职业能力结构，在进入工作岗位后，企业仍需花费较多时间和精力进行新员工培训。并且，由于会计工作的特殊性，会计专业人员必须具备健康的职业价值观和道德意识，避免会计舞弊现象的发生，因此，对会计专业学生培养目标中还应当融入职业道德的部分，设置职业道德相关课程，建立会计岗位相关职业道德的培养机制②。针对这一情况，我国财政部提出要加快会计信息化人才建设进程，不断完善会计审计相关人员能力框架，促进传统会计职业岗位能力结构的转型升级。要将会计信息化视为企业经营流程中的重要一环，加强会计岗位和其他企业业务之间的联系，各高校需要重新审视课程体系改革和人才培养目标定位，构建创新型、实用型、多元化的会计专业人才职业能力培养模式，满足行业发展对会计专业人才提出的职业能力的新要求③。

三 协同育人模式各主体协同要求迫切需要人才培养改革

会计专业是一个双重性学科，其中的工具性和人文性蕴含重要的文化价值。院校和企业应该共同合力，发掘深藏其中的深厚的文化底蕴和道德内涵，进一步改善教学内容，以此来引导学生树立正确的人生价值观念。在教学的过程中，可以通过借助企业的历史发展背景作

---

① 李红艳：《关于应用型本科院校管理会计人才培养的思考》，《商业会计》2017年第12期。
② 王文镇：《高中数学教学中素质教育问题探究》，《新课程 2012 年第 4 期》。
③ 卢振兴：《应用型本科高校管理会计人才培养模式探索》，《科技经济市场》2018年第11期。

为讲解内容，这样不但可以让学生对实习企业有所了解，还能通过对以往的实践经验分析激发自身的思想情感。不仅可以改善课堂气氛，也更利于学生树立正确的观念。校企合作实际上就是院校与社会企业之间的一种共同合作的模式，是一种将学习成果实践与工作中的教学方式。这种模式不仅满足了社会企业对于人才的渴求，同时在实践过程中也增强了学生的实践能力，实现校企双赢发展。协同培养模式涵盖了多个协同主体，在合理的利益机制下，各协同主体积极发掘自身优势，合理配置资源，提升可运用资源的有效性，不断优化资源利用率。提升本科院校会计专业人才的跨学科思维能力和创新创造力，切实掌握实践能力和解决问题的能力，提升会计专业毕业生的职业素养[1]。

协同培养模式促进了资源的优化和合理配置。在协同培养模式下，本科院校积极发挥自身教师优势和校内实践基地作用，为学生打造基础知识理论基础，将会计发展的历史和未来以时间链条的方式展现出来，并不断丰富知识链条，带领学生了解会计专业的过去、现在和未来，并帮助学生理解新时代会计专业岗位职责由核算向管理转变、岗位要求向人工智能、大数据预测转变的趋势。在这个基础上，引导学生建立成为优秀的会计专业人才的目标，并逐步从基础型人才向高端应用型人才转变的基本发展路径。在协同培养模式下，企业提供真实的生产环境和工作氛围，在企业管理模式的覆盖下，本科学校会计专业学生获得实践能力演练的平台，将学校学到的理论基础在实践机会中进行演练，并有机会向企业成熟员工学习账务处理和会计基本业务技能，吸取优秀工作者的丰富经验，提升自身基本职业素质，并迅速适应企业管理发展模式，在实践中将所具备的理论基础进行实操，在实践中学习成长，并对理论基础进行验证和巩固，提升本科院校会计专业毕业生的职业素养，拓宽了其就业渠道。协同育人促进各协同主体贡献自身优势资源，打造资源的流动性，为会计专业人才培

---

[1] 李晓炼：《地方应用型本科高校会计专业人才培养思考》，《科教文汇》2018年第12期。

养创造了条件，提升了我国本科院校会计专业的教育质量，而教育质量的提升也带来了人才质量的提升，越来越多的会计专业人才涌现出来，他们具备人工智能时代下新型会计岗位需要的良好职业素养，改变了传统会计职能结构，推动了整个会计行业向现代化、管理化方向发展。在会计行业发展的引领下，企业能够精准控制成本，高效率进行成本核算控制、大数据评估分析和市场发展趋势预测等，全新的人才结构和素质构成激发了企业内部活力，并有效增强企业发展的辐射力，由点成线，由线成面，以此带来了区域经济的全新发展机遇，能够更好地服务于区域经济。

四 实践教学突出了岗位能力要求迫切需要人才培养改革

随着我国社会经济的不断进步和经济结构的转型升级，应用型会计专业人才的需求缺口不断增大，对于本科高校会计专业而言，急需培养符合市场和企业要求的高端会计专业人才。但在教学模式方面，当前会计专业教学在教材等资源方面也缺乏时效性，没有实现与行业的实时对接，忽略了教育资源的实用性，在课程开设比例和业务侧重点方面出现一定偏差。随着就业竞争愈发激烈，劳动力市场与整个会计行业对于新兴会计人才提出了更高的要求，在新业态新要求下，传统课程体系与教学模式已经不满足时代的需要，为此课程改革与教育模式创新成为新时代本科会计专业发展的必经之路。协同培养模式可以优化会计学科的课程体系，为本科高校会计专业教学模式带来创新化的发展思路，因此实施校企合作与产教融合对于本科学段教育模式的更新优化具有重要的意义。

实践教学突出了岗位职业能力提升要求。对会计专业而言，实践教学环节是检验学生实践技能水平的重要环节，帮助学生在实操中逐渐建立发现问题、解决问题的实际能力，并且掌握会计核算等相关技能。实践教学秩序较为松散，理论与实践分开的教学模式也影响学生的学习质量，不利于会计专业教育效果的提升，校企合作质量还需要进一步提升[①]。会计专业优秀人才既需要充分的理论基础支撑，也需要成熟的实践经验。重理论轻实践、重核算轻管理是我国部分本科院校会计专业存在的普遍问题。当前我国本科高校会计人才培养方案中引入了电算化、ERP 沙盘、校外实践基地等实践手段，对学生实践技能的提升产生了一定作用，但在这些实践手段中，研究性、验证性实验较多，综合性和创新性实验方面比重仍不足。在校企合作的过程中，应从现实出发，从企业需求出发，通过对专业教材和课程框架的重新梳理，去除学科间教材内容的重合部分和时效性较差的陈旧内容，重新定义教学侧重点和教学目标，紧跟经济市场发展脚步，引入贴合实际的教学案例和素材，提升教学质量和学生的核心竞争力。在企业的参与下，实践部分的教学内容和教学模式得以丰富，使动态课程体系成为可能，更大程度地保证了教学重点的合理性与衔接性，实现学校所学向企业岗位工作内容和管理模式的整合。通过岗位实习等途径，改变了传统会计学科课程重理论的课程体系特点，将会计专业的理论知识与实践相结合，帮助学生将所学知识进行系统化整理与演练，加强知识技能的掌握程度，使学生能够获得实训项目经验和职业技能水平的提升。通过对教学过程的整理优化，为人才培养指引方向，规范教学模式，根据学生的学习状态和岗位报告对学生能力进行评估，并签署相关人才培养与发展合作协议，通过创新教学模式，发展培养会计新兴人才的专业能力。充分尊重了各协同主体的利益，达成资源互补的协调合作关系。在协同培养机制下，学校为企业提供技术原理和理论支持，便于企业进行内部优化、开展节能增效，进一步丰富会计学科的课程体系，有助于培养新兴会计专业人才。

[①] 付亮：《实现高职会计专业人才培养目标的培养方式》，《企业导报》2014 年第 8 期。

第三章　中国目前协同育人主要模式分析

校企合作是学校与企业联合办学的新型人才培养模式。为改善我国传统教育模式重理论、轻实践的弊端，各高校纷纷进行课程改革，增加实践课程比重。但由于受资金限制等影响，仅仅凭借学校自身进行实践技能教学的条件并不成熟，而企业通常具备较好的环境和资金条件。在企业的帮助下，学校获得一定资金用于建设校外实训基地，通过开展订单式培养等新型人才培养模式，提升学生的实践能力。产教融合是指学校根据专业情况建设专业产业，与学校专业课程相结合，打造产业和教育之间互相促进的模式。产教融合模式要求转变学校功能定位，改变传统学校的单一教育性功能，向产业性发展，打造企业化学校的全新模式，实现教育链与产业链的联动。在产教融合模式下，学校积极进行课程改革，将理论学习和生产实际相结合，符合新时代人才培养需求。产教融合模式在激发学生的自主学习能力和创造力的同时，也提升了本科院校的教育质量，推动教育发展与教学模式的进一步升级。协同育人是一种全新的多方联合人才培养模式。在协同育人模式的引导下，学历教育、职业技能教育和在线网络教育可以充分地进行有机融合，各所高校、相关研究院和企业等作为协同育人的主体积极参与协调配合，共同致力于培养新兴人才。在协同育人模式下，各单位深度挖掘内部资源，重新整理知识大纲与能力框架，打造专业教材和课程设计，并共同商讨人才培养方案，提升学生综合能力和人才就业率[1]。

---

[1] 荆梦婷：《应用型本科院校会计专业人才培养模式的建议》，《现代营销》2020年第6期。

校企合作、产教融合和协同育人都是融入新的参与主体，提升学生实践能力和竞争力的多方合作教育模式。其中，开展校企合作能够促进产教融合，深化产教融合程度；另外，不断深化校企合作和产教融合，能够有效打造协同育人体系，各参与主体互惠互利，共同推动我国教育事业的发展，并不断优化当代学生的能力结构框架，提升其技能水平和综合素质。校企合作通常由学校发起，对接意向企业，以企业用人标准作为教学目标，开展订单式培养，产教融合则是以校企合作为基础，学校和企业积极互动，以行业标准为教学要求，强化学生实践能力；协同育人是国家为深化产教融合与校企合作，企业和高校等各协同主体在教育部高等教育司的组织下进行的产学合作模式，旨在提升学生实践能力和综合素质[①]。

第一节　中国产教融合政策发展历程

我国最早的校企合作出现在北洋运动时期，自 1860 年起，陆续已有不少法政学堂逐渐加入了校企合作形式，最早校企合作的培养目标与现代有所差异，主要运用于军事以及工业技术方面的培养，但由于当时旧中国政局不够平稳，工业发展基础相对羸弱，无法全身心投入教育事业，以致当时的校企合作机制无法发挥出实效。而后为了适应社会发展需要，校企合作也围绕发展所需逐渐发生了转变，使其发展规模更大，涉及内容更优，合作形式更多，一度成为我国现代各个行业经济领域的有效发展途径，主要涵盖发展阶段如表 3-1 所示。

表 3-1　　　　　我国产教融合政策发展历程

发展时期	特征
萌芽期	半工半读，合作机制缺乏有效沟通

---

① 邱海军、王宁练、李书恒：《基于 MOOC 的自然地理学混合式教学探索与思考》，《高等理科教育》2022 年第 2 期。

续表

发展时期	特征
开展期	产生一定的利益倾向，但无实质性突破
发展期	加入信息科技元素，实现快步发展
创新期	产生结构改变，形成多方互补式发展

一 校企合作机制的萌芽期

我国产教融合政策起源可以追溯到新中国成立初期。1949年底，全国第一次教育工作会议在北京召开。该次会议明确了教育和人才培育为国家建设服务的重要职能。1952年，我国下发了中央人民政府政务院关于整顿和发展中等技术教育的指示，周恩来同志表示要大力推动中等技术教育工作开展，并号召各地政府积极响应，为学生提供劳动与生产相结合的场所。在之后的三年中，国家一直对教育与生产劳动的结合给予充分关注，先后出台了各项文件进行鼓励和动员。并于1958年发布了中共中央关于教育工作的指示，进一步声明了学校人才培养方向，要以学校办工厂和农场的形式进行，由工厂和农业合作社办学校。毛泽东同志正式将这一办学模式总结为教育与生产相结合。在新的实践模式引导下，教育模式开始向半工半读转变，也开启了我国产教融合的初次尝试。在20世纪60年代，校企合作的主要合作动向都是致力于发展军工事业。初期的校企合作是由政府牵头，单方面下达指令，校企双方予以配合。为了推进中国军工事业的发展力度，政府开始对院校及企业进行大规模产业结构调整，并通过效仿其他国家的先进教学经验，制定了一系列高等教育体系，并鼓励院校及企业积极参与科研机构的建设，为当时的校企合作机制创造了有利的条件。通过政府牵头，先后促成了30多家院校与企业达成合作关系，但在这种合作关系中，制度运行过程都由政府把控，学校与企业双方没有利益方面的冲突，所有的运作流程都是按照章程办事。虽然在当时，校企合作机制为我国军工事业奠定了十分重要的发展基础，也在国际发展道路上彰显了泱泱大国的地位，但由于校企合作还处于萌芽期，政府单方把控使合作双方也缺乏有效沟通，使得校企合作无法得到实质性突破，发展进度始终停滞不前①。

二 校企合作机制的开展期

产教融合模式的第二阶段起源于党的十一届三中全会以后，1978年，全国教育工作会议召开。邓小平同志在会议上提出对于教育发展的新要求，倡导教育发展以国民经济发展为基准，与国民经济发展步伐相适应。1985年，国家颁布国务院关于教育体制改革的决定，正式宣告教育体制改革的展开，强调职业发展教育要紧紧围绕社会经济发展步伐，并倡导企事业单位积极参与厂办学校教育模式的恢复工作。20世纪90年代初，大力发展职业教育的决定中继续明确中国人才培养要走产教结合和工学一体的道路。1993年的中国教育和改革发展纲要再次强调了产教结合的重要性和必要性。1996年，职业教育法中对培训机构等教育组织提出产教融合的要求，并从法律层面肯定了产教融合政策的重要地位，帮助整个教育行业认识到学校教育联系企业的必要性，并引导人才培养发挥服务于地方经济的积极作用。随着改革开放时期的到来，中国开始实施全面经济改革，各大院校与企业也被纳入改革范围中，在这一经济措施的有效推进下，我国的校企合作也逐渐发生了演变，逐渐向社会经济市场发展靠拢，呈现快速发展趋势。这也使得校企合作中的双方产生了一些利益倾向与趋势。由于改革开放加速了国内企业的经济发展，使得校企合作的需求门槛也相对的增高，为了适应社会发展需要，院校也开始陆续加入改革发展队伍，逐步开放各种技术和相关知识咨询渠道，成立了独立的科研机构，帮助企业解决发展中遇到的问题。虽然校企合作在这一时期经历了颠覆性的改革，但由于改革开放期间，全国各项事业都在进行大规模改革，发展迅速导致政策支持出现了阶段性的断层，严重忽视了知识产权重要性，使得科研工作的成果转换率较低，无法产生实质性的突破，校企合作的社会效益亦无法得到有效提升。

三 校企合作机制的发展期

我国的校企合作机制真正进入发展阶段是从20世纪90年代开

---

① 李荣芳：《国际视野下高职院校职业会计人才信息素养培养》，《职业技术教育》2011年第17期。

始的，在我国陆续成立了由院校与企业共同主办的产学研教育协会，加快了产教融合的工程开发，使得校企合作正式被推向发展道路，而产教融合也成为开展校企合作的重要基石，为之后的校企合作提供了重要的推进作用。与此同时，政府也在此阶段加强了对教育事业的改革力度，并针对校企合作出台了一系列相关的帮扶政策以及法律法规，为校企合作提供了有力的发展保障。随着院校与企业之间的联系的加强，校企合作机制也在深度探究下逐步形成完善的一体化模式，呈现出阶段性的快速发展趋势。在这一阶段期间，我国同时迎来了电子信息时代的发展高峰，大量信息科技企业陆续出现在人们的视野中，在这种状态下，校企合作的合作范围也随着社会发展走向逐步延展，发展方向也产生了转变，在融入了信息科技的发展元素后，通过科技力量加持的创新性校企合作模式，将院校与企业之间的利益共生推向了新的高度，也推动了中国经济市场的飞速发展。但是，由于市场利益调配机制还不够成熟，部分技术转换相对困难，风险隐患较大，与预期收益比例产生失调。从2013年起，我国产教融合进入了第三个发展时期。党的十八大召开后，我国教育全面改革并不断深化，2014年，国家颁布了现代职业教育体系建设规划，规划中突出了在新时代人才培养过程中，企业的重要作用，并指明企业在办学过程中不仅是充当辅助作用，更应该以办学主体的身份参与学校教育，该规划文件揭开了办学多主体变革的序幕，自此我国的职业教育从学校单一主体向学校和企业双主体的模式转变，校企合作的概念由此展开。为正确找寻校企合作的发力点和发展方向，国务院颁布了关于加快发展现代职业教育的决定，指出学校和企业之间的合作教育应当以双师型教育模式为基准，积极参与建设双师型的实践基地。2017年底，国务院发布关于深化产教融合的若干意见，自此，产教融合在国家政策中的地位进一步提升，并受到教育领域和社会经济领域的多方关注。2019年，职业教育改革方案发布，对产教融合模式的深化提出了更加具体的要求，明确了通过多元化办学模式的不断完善，发挥企业协同育人的重要作用，实现教育质量的提升。国家发改委与教育部共同发布建设产教融合型企业实施办法,通过有效奖励体系的设置,提升企业参与产教融合的积极性[①]。

四 校企合作机制的创新期

进入21世纪以来,国家深化产教融合的措施愈发坚定,并逐步加强行业组织在人才培养过程中的重要作用。2011年,教育部颁发了关于推进中等和高等职业教育协调发展的指导意见,强调了行业组织在人才培养过程中发挥着关键作用。自校企合作发展至今,多方合作已通过不断的改革与实践取得了实质性的发展规模,通过搭建校企合作中的主体沟通桥梁,使得双方能够在交流过程中相互取长补短,真正实现多方参与者的互惠互利,协同发展。随着社会经济的不断发展,社会经济格局也发生了巨大的改变,由从前的单方竞争模式逐渐发展成为合作竞争模式。校企合作在经济发展的作用下也产生了结构改变,更致力于通过寻找多方合作主体的利益共生点,形成多方互补式发展,最终实现多方共赢局面。在现阶段,校企合作既要顺应市场经济需求,同时又要在政府宏观调控下积极响应国家相关政策,在满足各方主体利益的共同诉求下,不断实施精准定位与具体合作方针,这也使得我国校企合作全面走向一体化发展时期。一体化发展使校企合作中的各个主体利益更加明晰。比如,政府为合作双方提供财政与法律支持,是为了在一定制约条件下促进人才培养素质的整体提升,从而带动社会经济发展;企业为培育人才提供资源与场地支持,节省员工培训时间,降低培训成本;院校为学生创建良好的实训环境,是为了促进学生综合素质的提升,在校企合作进行过程中,各个主体间的目标利益都具有一定的互补作用[②]。

---

① 徐晔:《现代职业教育体系下中等职业教育功能定位研究》,硕士学位论文,天津大学,2019年。
② 万书雅:《陕西省电力公司财务人员培训体系研究》,硕士学位论文,西北大学,2014年。

第二节 协同育人各主体职责分析

协同育人主体主要包括学校、企业、政府以及行业协会等，协同育人主体职责如表 3-2 所示。

表 3-2 协同育人主体职责

协同育人主体	主要职责
学校	优化课程结构，加快课程转型 加快管理机制优化创新 不断提升服务意识，完善学科建设
企业	为学生提供实训平台，提升校企合作人才培育质量 与校方联合共建校外实践基地，加深产教融合程度 不断强化企业的社会责任意识
政府	做好舆论与法律层面的宏观调控和引导 承担组织协调相关职责，为打造稳定的校企合作关系提供基础 提供信息服务及监督
行业协会	科学指导与监管职责 加快信息共享，打通信息流通渠道职责

一 学校

学校主体的主要职责包括优化课程结构，加快课程转型、加快管理机制优化创新、不断提升服务意识，完善学科建设等。

（一）优化课程结构，加快课程转型

以人才培养为核心，以市场发展趋势为标准。在校企合作的新发展阶段，学校需要充分与企业进行沟通，深入了解市场发展趋势以及企业对应用型人才的最新要求。在企业的参与下，校方需要重新审视人才培养目标，加快课程结构优化与专业建设升级，并重新定位教学评估手段和相关指标。高校需要转变教育观念，完成对教育教学的管理机制创新和教学成果转化。输送符合市场需求的新型人才，为企业发展创造活力，为行业进步贡献人才力量。

(二) 加快管理机制优化创新

应用型本科院校要紧跟经济新常态发展趋势，以校企合作作为重要纽带，不断提升学校对市场和企业的响应速度，加快构建信息高速共享渠道，积极参与整合教学成果等优势资源，打造互惠互利的合作模式，保障双方合法权益，打造人才流通的双向渠道，为学校教师和企业管理人才提供换岗机会，加深交流程度，实现校企合作中学校与企业的双赢。通过管理机制的优化创新，从制度层面为校企合作顺利发展提供保障，使企业有机会能够了解学校关于人才培育的目标和课程设置情况，提升校企合作效果。

(三) 不断提升服务意识，完善学科建设

学校是人才培育的摇篮，应用型本科高校肩负着为社会输送技能型人才的重要使命，需要正确认识在校企合作中的各项职责，保障校企合作的有效运行。校企合作不断发展是教育改革的必要措施，也是提升新时代人才培养质量的必经之路。为优化校企合作质量，学校需要不断优化服务意识，在科学合理的合作机制下，充分发挥自身优势资源，不断完善学科建设，在巩固基础学科的前提下，增设新兴学科及专业课程建设，以校企合作为契机激发整个教育行业的发展潜力。

二 企业

企业主体的主要职责包括为学生提供实训平台，提升校企合作人才培育质量、与校方联合共建校外实践基地，加深产教融合程度、不断强化企业的社会责任意识等。

(一) 为学生提供实训平台，提升校企合作人才培育质量

在校企合作中企业承担着为学生提供实习就业平台的重要作用。企业的参与能够弥补学校教育在实践教学部分的不足，有效提升应用型本科高校会计专业人才的培育质量，企业可以与学校进行项目联合开发，组建科研团队，引导实训平台开展相关教学项目，并及时检查维护实训平台硬件设施条件。积极与学校配合建设实训实习及就业平台，为当地支柱产业输送应用型人才，同时扩充企业自身人才储备，将相关科研成果运用于企业运营，为企业发展创造动力，打造健康和谐的校企合作关系，也为区域经济发展和科技进步提供新的动力。

（二）与校方联合共建校外实践基地，加深产教融合程度

当今时代是高速发展的时代，信息交互量剧增，信息共享的程度也在不断加深。在这样的发展速度下，传统的学校课堂理论教学已经无法满足市场和企业对人才的新需求。必须将市场对会计职能转变的需求融入学生的教育培养中，使学生的能力结构能够始终紧跟市场发展步伐，使学生学有所用。为此，企业参与校企合作的过程中，需要与校方联合共建校外实践基地，与教学理论内容进行有机融合，将最新的专业信息和行业要素融入学生的专业教育中，锻炼学生实践能力，融合各方优势资源，打造全新的实践课堂环境，让学生有机会在基地中提升实践技能。

（三）不断强化企业的社会责任意识

企业参与校企合作能够带来资产增值、社会影响力和人力资源的优化等，这些要素形成了企业发展的新型资源要素，进一步激发企业发展活力。企业需要明确社会责任，通过与学校共建合作育人模式，深化企业作为合作主体的作用，避免校企合作相关权益无法得到保障的弊端，不断完善企业效益结构，补充新的优势资源要素，建立起服务于社会、服务于人民的社会责任意识①。

三 政府

政府主体的主要职责主要包括做好舆论与法律层面的宏观调控和引导、承担组织协调相关职责，为打造稳定的校企合作关系提供基础、提供信息服务及监督等。

（一）为校企合作的不断深化提供保障

做好舆论与法律层面的宏观调控和引导，加强校企合作相关理念和发展情况的宣传，通过电视、广播、网络等手段对校企合作模式进行普及，帮助人们建立对于新型人才培养模式的正确认识，了解市场发展趋向和当今企业对于人才质量的最新要求，适应校企合作育人模式的要求。从法律层面规范学校和企业的行为，引导双方合作不断深入。通过法律法规完善双方在校企合作中的权责，加强制度化建设，

---

① 汪莹：《交通高职教育人才培养模式研究》，硕士学位论文，西北大学，2013 年。

保护校企合作参与方的合法权益，调动合作积极性的目的。

（二）承担组织协调相关职责，为打造稳定的校企合作关系提供基础

在校企合作过程中，学校和企业作为两个互相独立的利益体，必然将自己的利益放在首位，这就导致了校企合作过程中求同存异难度的加大。对于学校和企业来说，他们参与校企合作的目的各不相同，具有不同的关注点，在学生培养方面有时存在一定矛盾。这时就需要政府承担起组织协调的相关职责，发挥宏观管理和指导的作用，寻求学校和企业双方利益的平衡点，实现校企合作的健康发展。政府还可以通过组织结构优化，建立校企合作委员会或是专业教育小组等，对学校和企业在校企合作中遇到的一些问题进行及时解答，对于一些矛盾进行及时调解，从而实现对校企合作的组织协调职责，利用政府的领导力进行校企合作的组织优化，协调学校和企业的关系，为打造稳定的校企合作关系提供基础。

（三）提供信息服务及监督

校企合作的顺利运行离不开政府的主导作用，在政府的大力参与与支持下，校企合作才能够获得在信息、政策、款项方面的各项支持与服务。随着信息化的高速发展，政府的信息服务具有的权威性和时效性是校企合作顺利运行的重要基础，能够有效提升校企合作效率。政府担任监督职责，有助于实现校企合作成果评估的权威性和科学性，通过政府对于校企合作进度和成果的相关考察，及时发现和指出在校企合作中存在的一些问题，有助于实现校企合作的健康运行。

四 行业协会

行业协会主体主要职责包括科学指导与监管职责、加快信息共享，打通信息流通渠道职责等。

（一）科学指导与监管职责

提升新时期应用型本科会计专业人才培养质量，行业协会需要积极参与，为校企合作中的各项事宜提供科学指导与监管的职责。发挥行业协会在教育领域和行业领域的重要地位作用，加强行业组织监管

与指导功能，帮助校企合作组织对产教融合建立正确认识，在行业协会的指导下，对教学方案和人才培养方案做出及时调整，对教学内容和教学课程设置进行及时的更新，加快课程结构的转型升级。保护校企合作各参与方的利益，避免因利益矛盾对校企合作深化产生不利影响，使得学校和企业都能够从校企合作中获得既定收益，促进校企合作健康稳定发展。

（二）加快信息共享，打通信息流通渠道职责

行业协会的职责还在于要积极加快信息共享，打通信息流通渠道，充分结合互联网+的时代趋势和技术革新，将市场最新的经济发展进步和行业信息传达到校企合作组织中，将区域内有合作意向的学校和企业联系起来。还可以发挥行业协会的干预职能，优化学校人才培养目标，并不断提升信息化建设水平。抓住互联网的创新发展契机，及时整理市场和企业最新用人需求相关信息，并将这些信息准确传达到校企合作各主体中，为各主体参与校企合作提供重要参考，增强学校和企业参与校企合作的主动性，促进产教融合深化机制的形成。协会可以凭借自身专业优势和行业影响力，协助各方参与校企合作时，对自身的权利和义务有更加准确的认识。行业协会要充分听取各主体意见，结合当地校企合作运行的实际情况和自身专业经验，协助相关法律政策的完善，还可以协助制定本区域内的相关法规或者行业准则，为解决校企合作过程中可能出现的利益冲突与矛盾提供客观法规依据。

第三节 协同育人主要合作模式分析

基于协同育人主体职责不同，各主体之间目前主要的合作模式包括引导型模式、主建型模式、联建型模式以及共建型模式等，如图3-1所示。

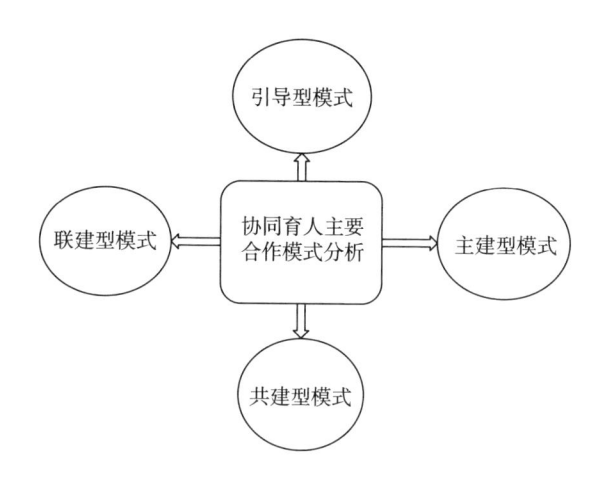

图 3-1　协同育人主要合作模式分析

一　引导型模式

引导型模式是当前协同育人的主要合作模式之一，其中的"引导"角色主要在政府。在引导型育人模式中，政府机构会对人才培养计划进行构思，并且积极筹措育人过程中所需要的各项资金，并通过开发基金和专项课题等模式，引导其他主体对协同育人工作进行积极参与。在政府的积极引导下，协同育人模式的主要目标在于带动科学技术水平的进一步提升，或者当地经济发展过程中所遇到的各种问题实现有效解决。对于引导型模式而言，项目设置具有重要意义。通常情况下，引导型模式的专项课题都定位在以支持地区经济发展为目的、高风险型的公益性项目和尖端技术项目上。通过对这些项目的研发，能够有效实现各项资源的统筹及应用，解决区域经济发展的障碍，并保障各参与主体应得的经济效益，实现人才培养的重要目标。

二　主建型模式

主建型模式顾名思义是指有一方作为协同育人模式的主导方，其他主体作为辅助角色参与协同育人的模式。基于协同育人的特点，通常主建型模式可以分为学校主建型模式和企业主建型模式两类。在我国目前协同育人制度下，学校主建型模式所占比例较高。在学校主建型模式下，学校作为协同育人的主导角色，负责人才培养的具体工作，包括人才培养目标的制定和具体的人才培养过程等，而政府和企业作为辅助角色参与，通常需要提供一定的资源，例如资金和实训资源等。学校主建型模式具有一定的灵活性，也存在其他主体积极性调动不足等劣势。而在企业主建型模式下，能提升企业在人才培养过程中的参与度，优化会计专业人才培养理论与实际的一体化，但在执行过程中如何规范企业人才培养计划，提升人才培养质量等也对企业和学校形成了一定考验。

三　联建型模式

联建型模式与主建型模式的主要区别在于参与协同育人的各主体相对独立，权责明确，并且利益也具有一定的一致性。在联建型模式下，多方共同参与联合办学和人才培养，能够保障各主体参与积极性，并有利于打造和谐稳定的合作关系，实现各方优势的互补。在联建型模式下，协同育人各主体之间通过签订契约等形式，既能够保障多方的参与，又能够实现权责的协调。具体到人才培养而言，除学校外，企业等主体也会积极参与学生培养目标的制定和具体教学计划的实施，进而保障学生基础理论和实践水平的不断提升。作为协同育人的重要主体，联建型模式下能够积极参与教学过程，以平等的地位参与协同育人合作，能够有效提升参与积极性和人才培养质量。

四　共建型模式

共建型模式是联建型模式的升级，在该模式下，学校、企业、政府和社会团体等以现代企业制度为依托，以市场经济运行情况为依据，根据市场经济的具体制度建立经济利益共同体，承担育人任务。在共建型模式基础上，各方能够形成统一的育人目标，并以灵活性和适应性进行人才培养，积极进行资源共享。在共建型模式下，各主体目标与共建目标能够实现统一，从而保障经济利益的最大化。共建型模式当前还没有得到全面普及，但该模式代表了协同育人的发展方向，是新时代提升人才培养质量、落实协同育人成效的必然发展方向。

协同育人模式中，还有一种共同体模式，是对其他协同育人模式的总结与创新。共同体模式下，协同育人的各主体签署合作协议，对各方的权利和义务进行有效明确。在合作协议中，各方诉求得以满足，以期通过紧密的合作关系，弥补其他协同育人合作模式可能存在的短板。在共同体模式下，育人过程可以获得实践场所、资金设备等多种资源的大力支持，并为政府带来区域经济发展的实际成效，满足社会团体对于宣传和展示的需求，企业能够得以打造人才储备计划和科技进步条件，在各方利益得以统一的前提下，共同体模式能够形成完善的合作组织、科学的分工架构，在人才培养和利益分配等方面都能够体现出较明显的优势。

第四节　协同育人主要人才培养模式分析

协同育人主要人才培养模式主要包括"订单式"人才培养模式、"工学交替"的人才培养模式、现代学徒制人才培养模式、以企业为主的合作办学模式、专业校企共建模式以及产业学院模式等，各种人才培养模式特点如表3-2所示。

表 3-2　　　　　　协同育人人才培养模式分析

协同育人人才 培养模式	特点分析
"订单式" 人才培养模式	特点：精准培养，以销定产，针对性强 优点：有效提升就业率，完善学科建设，优化企业用人成本 缺点：发展方向受限，通识教育弱化
"工学交替"的 人才培养模式	特点：丰富的实践技能学习机会和顶岗经历 优点：有效提升学生实践能力，有助于综合能力的培养提升 缺点：难以形成有效监管，企业参与积极性不足，岗位与专业不符
现代学徒制 人才培养模式	特点：突破传统学徒制限制，打造双重学习身份，紧跟市场发展需求 优点：政、校、企、行共同参与，提升人才培养质量 缺点：企业积极性不足，利益保障机制不明确
以企业为主的 合作办学模式	特点：实力企业注资办学，突破企业积极性不足的瓶颈 优点：凭借企业强大的软硬实力提升办学教育质量和人才素质 缺点：门槛较高，企业办学容易受限

续表

协同育人人才培养模式	特点分析
专业校企共建模式	特点：动态培养模式，时效性强 优点：主体参与度及专业度大幅度提升，精准把控市场和企业需求 缺点：专业指导小组构建和利益平衡等面临困境
产业学院模式	特点：产学研合作基地，新型校企合作模式 优点：共同深化校企合作，促进新时代人才培育质量提升 缺点：学院运营自主性不足，相关制度还不健全

一 "订单式"人才培养模式

（一）特点

特点是精准培养，以销定产，针对性强。订单式人才培养模式是企业以下订单的形式向学校发出用人需求，将企业对岗位的要求与学校进行沟通，双方签订订单式培养协议，并根据订单式人才培养协议的相关内容进行招生和人才培育的相关工作。订单式人才培养模式能够精准对接企业的用人需求，以企业岗位职责为目标开展培养计划，能够极大提升学生素质能力结构与企业岗位需求的对应度，具有针对性强的特点。在订单式人才培养模式下，学校能够与行业和企业保持密切沟通和联系，校企双方共同进行对学生的培养，提供丰富的教学资源，以实现学生理论能力与实践能力的不断提升。在协议要求下，企业的参与度大大提升，不仅与学校一同制定学生的培养方案，而且直接参与到对学生各项指标的评估活动中，在学生毕业后能够直接进入企业，实现顺利就业。订单式人才培养模式在校企合作发展的大趋势下不断进行优化升级，还发展出冠名班级等创新型人才培养模式，实现了人才培养质量的进一步提升。

（二）优点

优点包括有效提升就业率，完善学科建设，优化企业用人成本。订单式人才培养模式以就业为导向，在企业和学校的共同参与下，学生的学习场所和相关资源由学校和企业共同提供，使学生有机会提前适应企业文化和运行管理模式、相关规定等，能够利用企业丰富的硬件资源进行相关学习，加强理论基础与实践技能的结合程度，还能够对企业文化、工作内容与岗位职责具有一定了解，为学生毕业后能够第一时间到达工作岗位并顺利履行工作职责提供基础。在订单式人才培养模式下，学生毕业后直接进入企业进行工作，提升了学校的就业率。并且在企业的参与下，订单式培养模式能够精准对接企业需求，有助于学校的学科建设，使人才培养目标能够紧密贴合市场。订单式人才培养模式有助于培养符合企业岗位要求的新型会计专业应用人才，减少了企业在招工和新员工培训方面的成本以及运营成本，更加贴近企业的实际用工需求。

（三）缺点

缺点主要体现在发展方向受限，通识教育弱化。订单式人才培养模式下，学校教育受到订单式人才培养协议的一些约束，在学生培养计划制订的过程中必须充分考虑企业需求和意见，学生的发展方向相对已经固定，限制了学生除该企业外其他的就业途径，选择了订单式人才培养模式就意味着失去了自主择业的权利，在学生之后的就业选择与职业发展方面具有一定的限制。另外，由于订单式人才培养模式在培养过程中时刻以企业的岗位需求为标准进行，这不利于学生整体素质的发展和职业理念的打造，不符合现代社会多功能、跨领域专业人才的发展培养方向，对于学生的长远发展存在一定影响。另外订单式人才培养模式也对企业实力形成一定考验，如果学生需要面临转岗调动，则意味着针对本岗位的培训内容将不适用于新岗位，需要重新进行相关培训，这些都是订单式人才培养模式存在的缺点。

二 "工学交替"的人才培养模式

（一）特点

特点主要包括丰富的实践技能学习机会和顶岗经历。工学交替的人才培养模式是将学校的课程结构与企业人才需求和岗位职责紧密结合的校企合作模式，该模式为学生提供了丰富的企业实习和顶岗机会，非常适合实践技能型专业学生素质的培养，尤其是一些专业的理论难度较高，需要具有一定的实践基础的课程。工学交替模式下，学生的理论基础在学校教育中逐渐形成，并有机会进入企业进行实践演练，利用学校教育资源和企业实践资源，在实践技能不断增长的同时实现理论基础的加固。在工学交替的人才培养模式下，学生培养由学校和企业双主体进行，根据学校人才培养计划，学生有丰富的企业实习机会，可以多次进入企业进行交替学习或者顶岗，所学专业知识能够在企业层面进行演练，借助企业的各项硬件设备，深入生产经营一线，对技术性的要求和相关指标进行提前了解和掌握，极大优化了企业对于人才培养的时间成本，也提升了学校在实践经验方面硬件设施不足的短板。

（二）优点

优点主要是能有效提升学生实践能力，有助于综合能力的培养提升[1]。工学交替的人才培养模式为学生提供了实践能力演练的重要平台和学校、企业两种不同的学习场所，营造了不同的教育环境，有助于提升学生在学习层面的新鲜感和体验感，激发学生的学习积极性。并且，工学交替的性质决定了学生还可以通过该模式获取一定的经济报酬，这能够有效缓解一些贫困学生的资金压力，避免出现因自身贫困无法完成学业的现象。在工学交替人才培养模式下，企业参与到学校育人的过程中，使学生有机会深入企业的一线岗位，在实际操作环境中完成工作技能和实践能力的提升，推动传统教学模式和评价机制的创新型改革，有助于学生综合能力的塑造和整体质量的提升。通过理论与实践的有机结合，工学交替模式能够充分利用企业的实训资源优势，更好实现资源的整合运用，并且有助于发掘新的教育资源，对传统教育资源进行有效扩充，激发教育资源活力，使得教育资源能够更好地服务于应用型本科会计人才的培养。

（三）缺点

主要包括难以形成有效监管，企业参与积极性不足，岗位与专业不符。由于工学交替在教学场所上的双重性，与传统学校教育不同，无论是学校还是企业，都无法对学生进行实时监管，这对工学交替过

---

[1] 胡翔环：《从合作到融合：深化建设类高职院校校企协同育人》，《内江科技》2021年第4期。

程的监督有效性和学生自觉性形成考验。部分学生因自身观念还不健全，在无人监管的情况下学习的主动性还不足，在参与工学交替的过程中容易产生应付态度，甚至出现脱岗、旷工等行为，严重影响工学交替育人模式成果和人才培养质量。在校企合作过程中，企业出于对人才培养资源投入的一些顾虑及自身商业信息的保护心理，对于顶岗学生的监管及培训力度不足，这也不利于打造有效的工学交替人才培养模式。并且，工学交替模式下，学生找到与所学专业完全一致的岗位难度很大，有时企业能够提供的工学交替岗位并不能与学生专业相符，这样会降低工学交替人才培养的有效性[①]。

三 现代学徒制人才培养模式

（一）特点

主要包括突破传统学徒制限制，打造双重学习身份，紧跟市场发展需求。现代学徒制人才培养模式目前也是我国主要的校企合作模式之一，不同于传统学徒师带徒的简单内涵，现代学徒制人才培养模式依靠的是学校和企业之间的协同合作，学生在学校中接受老师在理论层面的教导，并在企业师傅的指导下进行企业实践技能演练，学校老师和企业师傅共同培养，是一种新型的教育模式。除了学习身份的转型，现代学徒制在考核部分也改为由学校和企业共同进行考核和评估的方式。在政府的引导下，众多企业、行业组织参与到现代学徒制的建设，能够将行业专业经验运用到学徒制学生素质水平提升上，并能够提供监督，根据市场需求的不断变化，制定更符合市场和企业需要的教育教学内容框架，将理论与实践结合起来，有效提升校企合作的参与积极性，有助于优化技能型人才的培养质量，对缓解社会就业压力也具有积极作用。

（二）优点

主要包括政、校、企、行共同参与，提升人才培养质量。现代学徒制牵动着政府、学校、企业、行业的共同参与，在政府的大力支持

---

① 费建锋：《基于"1+X"证书的机械测量实训课程改革》，《农机使用与维修》2022年第1期。

下，现代学徒制建设能够不断总结经验，使得各参与方的权利和义务更加明确。相关企业、行业组织积极参与学徒制试点建设，为学徒制发展提供有效监管和指导，正确发挥在校企合作中的角色作用，确保各主体间利益均衡，并将学徒制各项政策落实到位，不断提升校企合作的广度和深度。作为新型人才培养模式，现代学徒制始终致力于培养符合市场发展趋势和企业最新需求的应用型人才。现代学徒制通过学校和企业的多元化互动，发挥协同育人的作用，丰富学生的知识基础和实践技能，为学生走出校园、进入工作岗位打下基础，校企双方都会参与到课程设计和人才培养方案过程中，并都具有考核评估权利，实现人才培养质量提升和教学成果改进。

（三）缺点

主要是企业积极性不足，利益保障机制不明确。现代学徒制依赖于企业参与协同育人的积极性和硬实力，为校企合作提供现代学徒制模式的企业需要具备一定经济实力，分担学生学习期间的相关成本。但由于企业获取经济利益的基本性质，大多数企业的关注点还是停留在企业正常运行、获取短期经济效益上，从企业意识层面看，企业如不具备长远的利益眼光，就会导致参与学徒制建设的积极性不足，这不利于学徒制教育质量的提升。另外，一些学徒学成之后并没有留在原岗位中，造成了企业的损失，进一步影响了企业参与学徒制建设的积极性，限制了学徒制人才培养模式的进一步发展。在学徒制模式中，学生的双重身份地位需要配备明确的利益保障机制，但在学徒制实际的运行过程中，该保障机制的落实难度较大，这种缺点影响着学生参与学徒制培养模式的信心，容易出现学生无法安心学习导致的学习动力和积极性不足的现象[①]。

四 以企业为主的合作办学模式

（一）特点

主要包括实力企业注资办学，突破企业积极性不足的瓶颈。学校

---

① 冯光：《产教融合背景下高职人才培养方案创新实践》，《福建开放大学学报》2021年第5期。

和企业的利益出发点不同，育人目标和培养方向也各不相同。要突破企业参与校企合作积极性不足的瓶颈，就需要平衡学校和企业的利益出发点，以企业为主的合作办学模式一定意义上从源头避免了这一问题。该模式是指由实力企业注资办学，将市场需求与企业人才需求作为人才培养标准，校企双方共同参与人才培养，为国家输送特定专业的应用型人才。该模式下的企业具备雄厚的硬件实力和较强的社会责任感，精准定位市场需求及国家人才培养目标，不断提升企业竞争力和综合人才实力。以企业为主的合作办学模式对于企业实力提出了较高要求，既需要企业具备充足的经济资源优势，又需要有行业资源的整合能力，还需要具备一定的教育实力，克服企业作为经济体在教学能力和相关教育理论方面的短板。

（二）优点

主要是可以凭借企业强大的软硬实力提升办学教育质量和人才素质。以企业为主的合作办学模式借助企业自身的资金实力进行办学和人才培养，一定程度缓解了国家教育投入资金压力，避免了人才培养过程中由于资金的短缺而对教学质量可能产生的消极影响，是教育创新的有效尝试。该模式的人才培养将以实践应用能力为重点，严格围绕就业市场化的大趋势，确保应用型人才能够精准对接企业和市场需求。而且，在企业为主的合作办学模式下，学校办学的自主性相对较强，人才培养目标更加明确，弥补传统学校在教学资源配置方面的短板，有利于培养国家特定行业的人才，优化人才整体质量。

（三）缺点

主要包括门槛较高，企业办学容易受限。以企业为主的合作办学模式对于企业的实力要求较高，既要求企业需要有雄厚的资金支持，还在行业资源、软实力、社会责任感及硬件实力等方面都具有严格要求。对企业为主合作办学学校来说，在招生、报考条件及学校专业设置等方面都存在一定的短板，这是以企业为主的合作办学模式的主要缺点①。

五 专业校企共建模式

（一）特点

特点主要包括动态培养模式，时效性强。专业校企共建模式要求成立专业指导小组，通过签订相关合作协议参与到人才培养工作中。在专业校企共建模式下，专业指导小组成员既有一些来自学校的专业老师和高层领导，也有一些来自企业和行业的骨干、精英和专家。专业指导小组要依据合作协议条款，对市场走向和人才需求进行精准分析，紧紧围绕市场需求和企业要求，制定本专业人才培养的目标以及具体的培养计划，并对课程制定、实践设备建设等具体工作内容做出详细要求。在专业校企共建模式下，人才培养计划是动态的，可以根据市场走向进行实时调整，使学生能够接受到专业化教育。在专业校企共建模式下，专业指导小组需要签署合作协议，通过清晰的权责条文，保障学校和企业双方的长远利益以及稳定的合作形式。

（二）优点

主要有主体参与度及专业度大幅度提升，精准把控市场和企业需求。在专业校企共建模式下，大大提升了校企合作主体的参与度。在专业指导小组的帮助下，校企合作能够精准把控市场和企业需求，应用型本科会计专业人才培养计划实现优化升级，使得人才培养目标始终围绕市场发展趋势和企业岗位具体要求。应用型本科高校可以依据专业指导小组给出的相关意见，及时发现教育教学过程中的不足，并调整教学模式，按需筹建实训资源，丰富学生实践技能知识，不断提升校企合作质量。

（三）缺点

在专业校企共建模式下，由校方和企业方的骨干力量共同构成的专业指导小组为校企合作的不断深化及应用型本科院校会计专业人才培养质量的提升提供了有力保障。但该模式也存在一些缺点，专业指

---

① 薛嘉义：《产教融合背景下校企合作汽车维修人才培养的初探——以苏州市电子信息技师学院为例》，《时代汽车》2022年第10期。

导小组的构建难度较大，出于小组性质和模式的要求，进组条件的设置还需进一步优化。小组成员参与小组建设和校企合作指导工作也需要耗费一定的时间和精力，需要合理的利益机制保障，而各主体骨干的参与由于缺少相应的利益机制，并且各自利益出发点的不同，很容易出现小组内成员存在一定利益冲突的情况。另外，由于专业指导小组各成员所处专业领域和教育观念的不同，在专业指导小组各成员协同进行校企共建和人才培养过程中，由于缺少一定的监管与调节，容易影响校企共建模式的有效性[1]。

六　产业学院模式

（一）特点

主要包括产学研合作基地，新型校企合作模式。我国始终关注人才培养质量，坚持教育立德树人的根本任务不动摇，强调新世纪人才教育需要依托产业，不断深化产教融合。随着我国校企合作的不断深化，产业学院也逐渐成为我国重要的校企合作模式之一。2020年我国颁布了《现代产业学院（试行）指南》，至此产业学院的概念逐步建立并发展起来。指南中提出要建立一批现代化的产业学院，培养区域性建设人才，加快区域经济建设转型步伐，推动协同育人机制的不断发展。产业学院模式能够深入依托产业背景，通过应用型高校与企业开展的深度合作，加强产学研融合，建立产业学院实训基地，加快双方合作理念和人才培养模式的整合创新，不断为本区域输送高素质水平、高技能水平的应用型人才。

（二）优点

主要有共同深化校企合作，促进新时代人才培育质量提升。产业学院模式通常配备专业校企合作指导小组，探索人才培养的创新形式，根据行业发展规律和企业岗位人才需求，以行业协会作为校企合作重要纽带和监管角色，产业学院模式能够推动各主体协同各方共同参与人才培养方案的确定，打造特色化的人才培育计划，共同进行课

---

[1] 陈荷、李永刚：《高职教育"123543"人才培养范式的研究与实践》，《教育与职业》2011年第6期。

程创新和教材资源更新，将行业动态链条创新内容融入课程框架中。共同进行实训平台建设，打造资源共享的创新合作模式，实现优势资源的集聚和互补。共同参与教学能力优化提升工作，并共同优化评估体系，建立多元化评估机制与科学有效的监管机制。促进新时代人才培育质量的有效提升，弥补应用型人才缺口，最终能够服务于区域经济，带来区域经济转型升级和产业发展进步。

（三）缺点

主要包括学院运营自主性不足，相关制度还不健全。产业学院作为新兴的校企合作模式，其建设改革的过程中还面临着一定的发展瓶颈，从产权结构层面看，产业学院采用的是混合所有制形式，产权配置呈分散状态，在学院管理等事务上需要依靠学校决策，但在产业学院运营过程中则体现的是民主运营的特点，在自主性上受到一定限制。另外，产业学院的相关政策法规还不健全，产业学院缺少客观的法律及政策依据，存在一些现实层面的隐患。在产业学院的运营过程中，由于产学双方存在不同的利益动机，其参与产业学院建设的积极性不足，再加上政府干预力度和行业协会参与指导的程度不足，使得产业学院建设实效不能得到有力提升[①]。

---

① 唐艺支、郑超文：《中职汽车专业教师"阶梯式、项目化、协同体"培养模式创新与研究——以广西交通技师学院为例》，《职业》2021年第24期。

第四章 应用型本科高校会计专业人才培养存在问题分析

协同育人项目是教育部为促进产学合作育人，调动好高校和企业两个积极性，实现产学研深度融合，以产业和技术发展的最新需求推动高校人才培养改革，着力培养适应产业发展需要的应用型、复合型、创新型人才，通过协调相关企业，以企业立项、企业资助的形式，支持高校开展教学改革、师资培训、实践条件和创新创业改革的专项项目。通过教育部协同育人项目立项数据分析可以发现应用型本科高校会计专业人才培养存在的部分问题。

第一节 教育部协同育人项目立项数据分析

教育部协同育人项目立项数据分析主要从总体情况分析、构成趋势分析以及内容分析等三个方面进行。

一 总体情况分析

（一）立项总数量

教育部协同育人项目立项总数量自 2016 年至今呈现上升趋势。2016 年第一批立项数量 858 项，2016 年第二批立项数量 1180 项，2017 年第一批立项数量 3268 项，2017 年第二批立项数量 6072 项，2018 年第一批立项数量 7384 项，2018 年第二批立项数量 10270 项，2019 年第一批立项数量 6769 项，2019 年第二批立项数量 8213 项，2020 年第二批立项数量 9554 项，2021 年第一批立项数量 9438 项，2021 年第二批立项数量 15171 项，如图 4-1 所示。

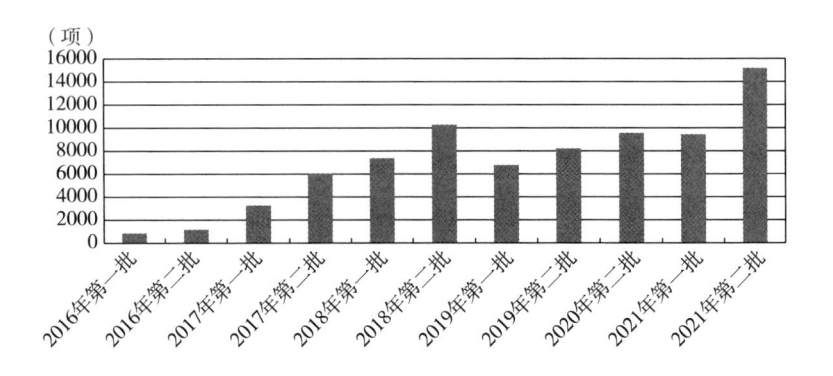

图 4-1 立项总数量

（二）参与公司数量

教育部协同育人项目参与公司数量立项自 2016 年至今呈现上升趋势。2016 年第一批协同育人项目参与企业数量 33 家，2016 年第二批协同育人项目参与企业数量 40 家，2017 年第一批协同育人项目参与企业数量 88 家，2017 年第二批协同育人项目参与企业数量 185 家，2018 年第一批协同育人项目参与企业数量 345 家，2018 年第二批协同育人项目参与企业数量 373 家，2019 年第一批协同育人项目参与企业数量 297 家，2019 年第二批协同育人项目参与企业数量 324 家，2020 年第二批协同育人项目参与企业数量 328 家，2021 年第一批协同育人项目参与企业数量 399 家，2021 年第二批协同育人项目参与企业数量 660 家，如图 4-2 所示。

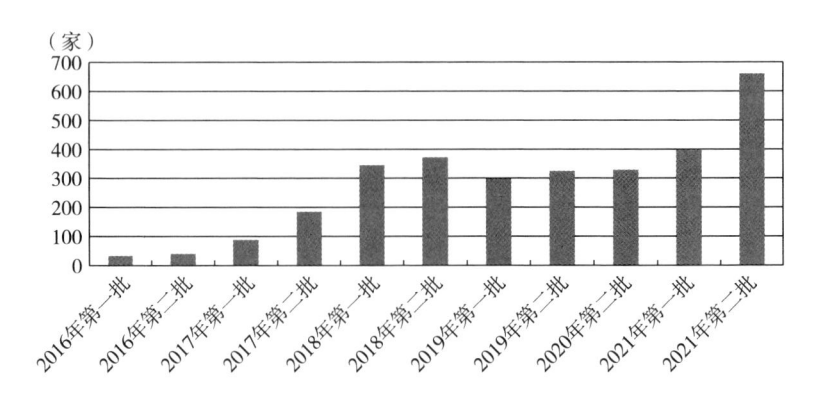

图 4-2 参与公司数量

(三) 会计相关立项数量

教育部协同育人项目会计相关立项数量自 2017 年呈现上升趋势，其中 2018 年第二批立项数量最多。2016 年第一批协同育人项目会计相关立项 2 项，2016 年第二批协同育人项目会计相关立项 6 项，2017 年第一批协同育人项目会计相关立项 195 项，2017 年第二批协同育人项目会计相关立项 243 项，2018 年第一批协同育人项目会计相关立项 378 项，2018 年第二批协同育人项目会计相关立项 447 项，2019 年第一批协同育人项目会计相关立项 204 项，2019 年第二批协同育人项目会计相关立项 214 项，2020 年第二批协同育人项目会计相关立项 328 项，2021 年第一批协同育人项目会计相关立项 294 项，2021 年第二批协同育人项目会计相关立项 396 项，如图 4-3 所示。

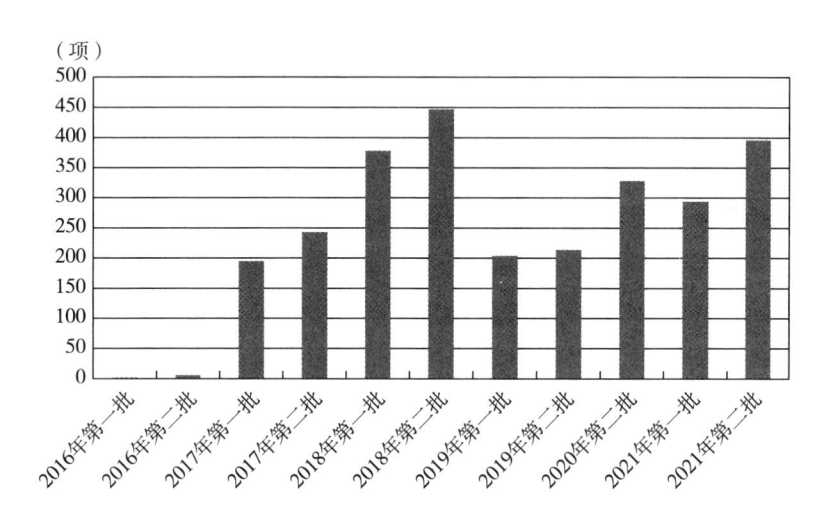

图 4-3 会计相关立项数量

二 构成趋势分析

(一) 教学内容和课程体系改革立项趋势分析

教育部协同育人项目教学内容和课程体系改革立项数量自 2016 年至今呈现上升趋势。2016 年第一批协同育人项目教学内容和课程体系改革立项 522 项，2016 年第二批协同育人项目教学内容和课程体系改革立项 512 项，2017 年第一批协同育人项目教学内容和课程体系改革立项1173项，2017年第二批协同育人项目教学内容和课程体系改革立项2353项，2018年第一批协同育人项目教学内容和课程体系改革立项2788项，2018年第二批协同育人项目教学内容和课程体系改革立项3716项，2019年第一批协同育人项目教学内容和课程体系改革立项2258项，2019年第二批协同育人项目教学内容和课程体系改革立项3204项，2020年第二批协同育人项目教学内容和课程体系改革立项3144项，2021年第一批协同育人项目教学内容和课程体系改革立项3382项，2021年第二批协同育人项目教学内容和课程体系改革立项4835项，如图4-4所示。

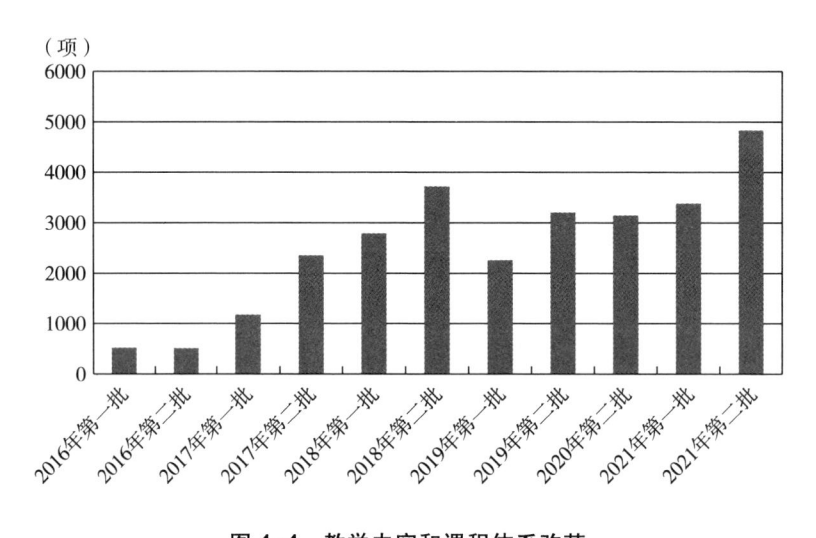

图4-4 教学内容和课程体系改革

（二）创新创业联合基金立项趋势分析

教育部协同育人项目创新创业联合基金立项数量2016年第二批出现大幅下降趋势，之后则呈现缓慢下降趋势。2016年第一批协同育人项目创新创业联合基金立项197项，2016年第二批协同育人项目创新创业联合基金立项70项，2017年第一批协同育人项目创新创业联合基金立项166项，2017年第二批协同育人项目创新创业联合基金立项196项，2018年第一批协同育人项目创新创业联合基金立项152项，2018年第二批协同育人项目创新创业联合基金立项126项，2019

年第一批协同育人项目创新创业联合基金立项 103 项，2019 年第二批协同育人项目创新创业联合基金立项 84 项，2020 年第二批协同育人项目创新创业联合基金立项 84 项，2021 年第一批协同育人项目创新创业联合基金立项 55 项，2021 年第二批协同育人项目创新创业联合基金立项 80 项，如图 4-5 所示。

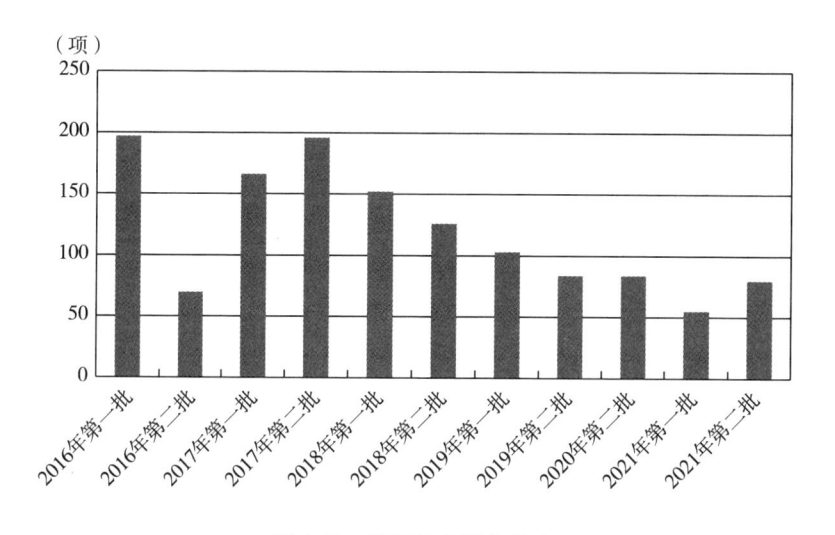

图 4-5　创新创业联合基金

（三）创新创业教育改革立项趋势分析

教育部协同育人项目创新创业教育改革立项数量自 2016 年至今呈现上升趋势。2016 年第一批协同育人项目创新创业教育改革立项 71 项，2016 年第二批协同育人项目创新创业教育改革立项 110 项，2017 年第一批协同育人项目创新创业教育改革立项 490 项，2017 年第二批协同育人项目创新创业教育改革立项 784 项，2018 年第一批协同育人项目创新创业教育改革立项 688 项，2018 年第二批协同育人项目创新创业教育改革立项 853 项，2019 年第一批协同育人项目创新创业教育改革立项 471 项，2019 年第二批协同育人项目创新创业教育改革立项 561 项，2020 年第二批协同育人项目创新创业教育改革立项 584 项，2021 年第一批协同育人项目创新创业教育改革立项 594 项，2021 年第二批协同育人项目创新创业教育改革立项 884 项，如图 4-6 所示。

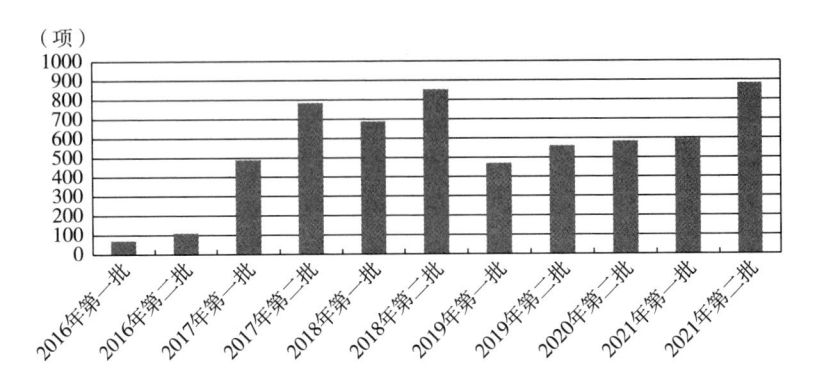

图 4-6 创新创业教育改革

(四) 师资培训立项趋势分析

教育部协同育人项目师资培训立项数量自 2016 年至今呈现上升趋势。2016 年第一批协同育人项目师资培训立项 22 项，2016 年第二批协同育人项目师资培训立项 172 项，2017 年第一批协同育人项目师资培训立项 288 项，2017 年第二批协同育人项目师资培训立项 1046 项，2018 年第一批协同育人项目师资培训立项 1076 项，2018 年第二批协同育人项目师资培训立项 2037 项，2019 年第一批协同育人项目师资培训立项 1260 项，2019 年第二批协同育人项目师资培训立项 1686 项，2020 年第二批协同育人项目师资培训立项 1925 项，2021 年第一批协同育人项目师资培训立项 2202 项，2021 年第二批协同育人项目师资培训立项 3235 项，如图 4-7 所示。

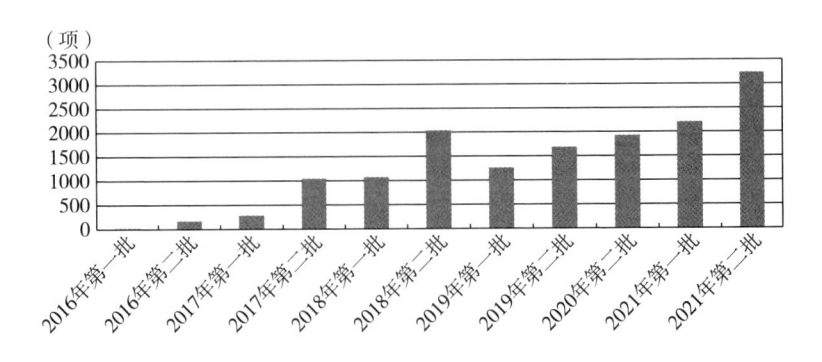

图 4-7 师资培训

（五）大学生实习实训项目立项趋势分析

教育部协同育人项目师资培训立项仅 2017 年单独列示两批。2017 年第一批协同育人项目大学生实习实训项目立项 207 项，2017 年第二批协同育人项目大学生实习实训立项 359 项，其余批次未涉及此项内容，如图 4-8 所示。

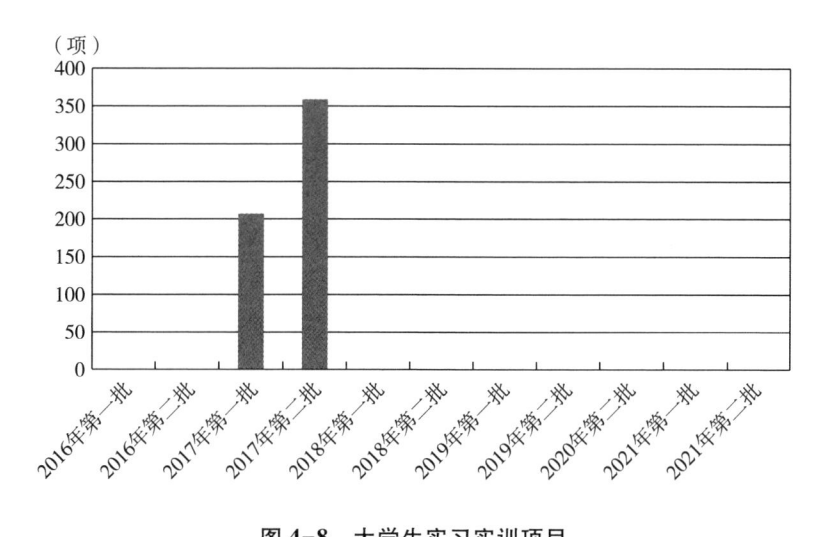

图 4-8 大学生实习实训项目

（六）实践条件和实践基地建设立项趋势分析

教育部协同育人项目实践条件和实践基地建设立项数量自 2016 年至今呈现上升趋势。2016 年第一批协同育人项目实践条件和实践基地建设立项 41 项，2016 年第二批协同育人项目实践条件和实践基地建设立项 316 项，2017 年第一批协同育人项目实践条件和实践基地建设立项 717 项，2017 年第二批协同育人项目实践条件和实践基地建设立项 1651 项，2018 年第一批协同育人项目实践条件和实践基地建设立项 1886 项，2018 年第二批协同育人项目实践条件和实践基地建设立项 2693 项，2019 年第一批协同育人项目实践条件和实践基地建设立项 1906 项，2019 年第二批协同育人项目实践条件和实践基地建设立项 2097 项，2020 年第二批协同育人项目实践条件和实践基地建设立项 2728 项，2021 年第一批协同育人项目实践条件和实践基地建设立项2185项，2021年第二批协同育人项目实践条件和实践基地建设立项4460项，如图4-9所示。

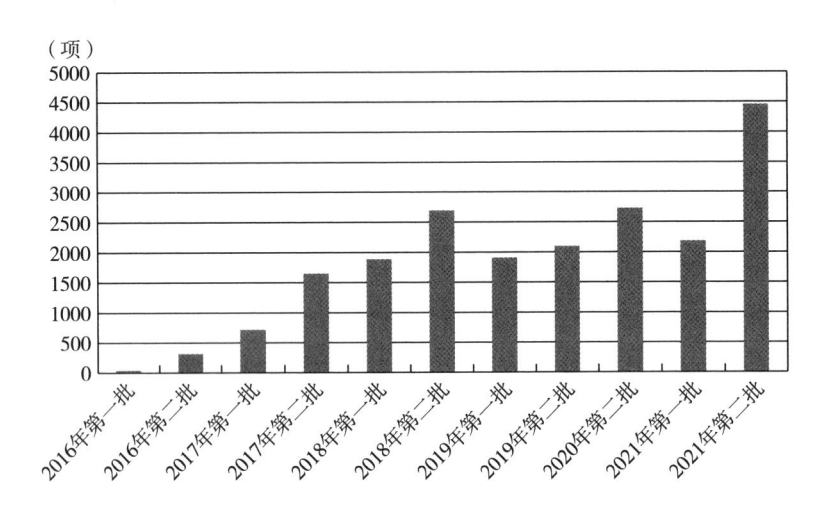

图4-9 实践条件和实践基地建设

（七）新工科、新医科、新农科、新文科建设立项趋势分析

教育部协同育人项目新工科、新医科、新农科、新文科建设立项数量自2017年第二批至今呈现上升趋势。2017年第二批协同育人项目新工科、新医科、新农科、新文科建设立项313项，2018年第一批协同育人项目新工科、新医科、新农科、新文科建设立项721项，2018年第二批协同育人项目新工科、新医科、新农科、新文科建设立项845项，2019年第一批协同育人项目新工科、新医科、新农科、新文科建设立项770项，2019年第二批协同育人项目新工科、新医科、新农科、新文科建设立项759项，2020年第二批协同育人项目新工科、新医科、新农科、新文科建设立项1088项，2021年第一批协同育人项目新工科、新医科、新农科、新文科建设立项1015项，2021年第二批协同育人项目新工科、新医科、新农科、新文科建设立项1674项，如图4-10所示。

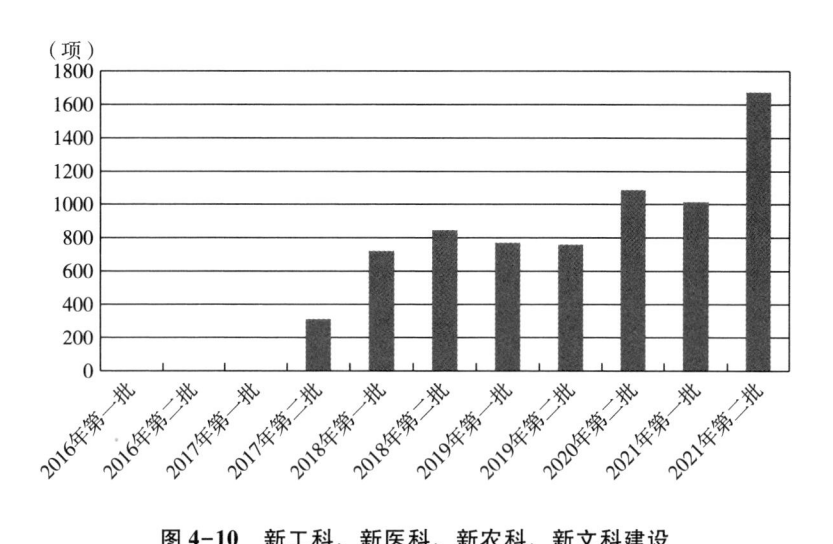

图 4-10 新工科、新医科、新农科、新文科建设

三 内容构成分析

（一）2016 年第一批协同育人项目构成

2016 年第一批协同育人项目中教学内容和课程体系改革项目占比 61%，创新创业联合基金项目占比 23%，创新创业教育改革项目占比 8%，实践条件和实践基地建设项目占比 5%，师资培训项目占比 3%，如图 4-11 所示。

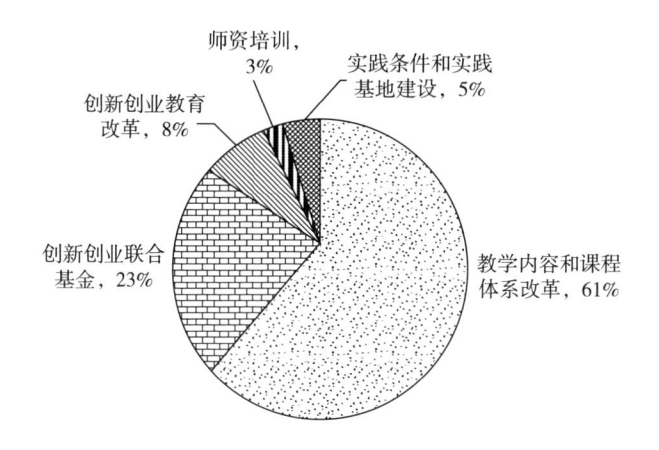

图 4-11 2016 年第一批协同育人项目构成

（二）2016 年第二批协同育人项目构成

2016 年第二批协同育人项目中教学内容和课程体系改革项目占比 43%，创新创业联合基金项目占比 6%，创新创业教育改革项目占比 9%，实践条件和实践基地建设项目占比 27%，师资培训项目占比 15%，如图 4-12 所示。

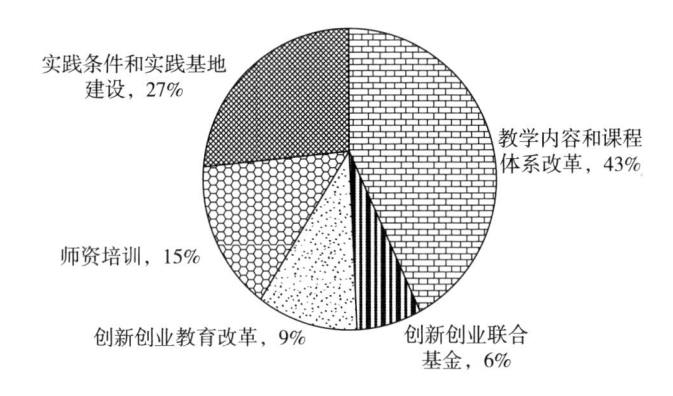

图 4-12　2016 年第二批协同育人项目构成

（三）2017 年第一批协同育人项目构成

2017 年第一批协同育人项目中教学内容和课程体系改革项目占比 39%，创新创业联合基金项目占比 5%，创新创业教育改革项目占比 16%，实践条件和实践基地建设项目占比 24%，师资培训项目占比 9%，大学生实习实训项目占比 7%，如图 4-13 所示。

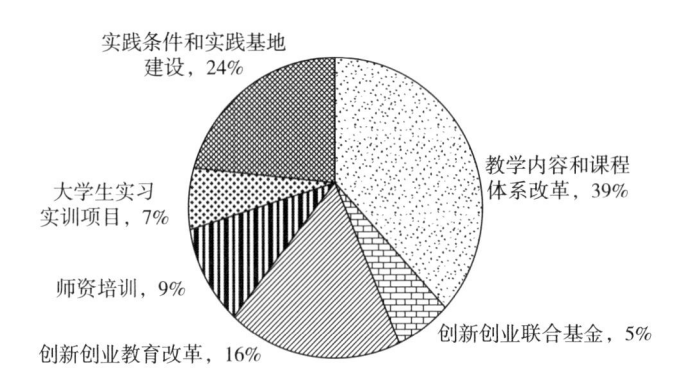

图 4-13　2017 年第一批协同育人项目构成

第四章 应用型本科高校会计专业人才培养存在问题分析

（四）2017年第二批协同育人项目构成

2017年第二批协同育人项目中教学内容和课程体系改革项目占比35%，创新创业联合基金项目占比3%，创新创业教育改革项目占比12%，实践条件和实践基地建设项目占比25%，师资培训项目占比15%，大学生实习实训项目占比5%，新工科、新医科、新农科、新文科建设项目占比5%，如图4-14所示。

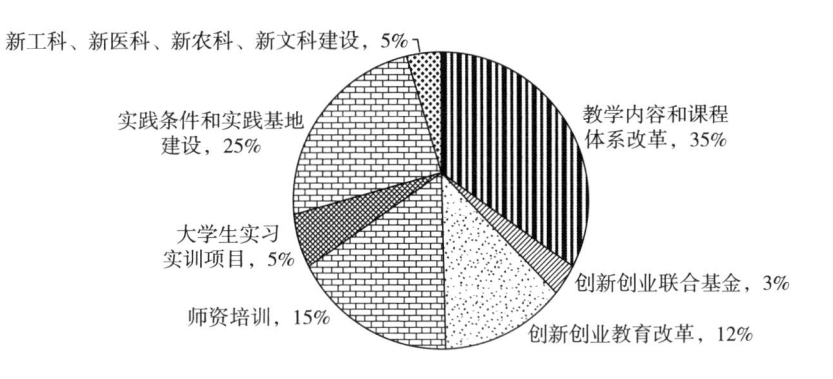

图4-14　2017年第二批协同育人项目构成

（五）2018年第一批协同育人项目构成

2018年第一批协同育人项目中教学内容和课程体系改革项目占比38%，创新创业联合基金项目占比2%，创新创业教育改革项目占比9%，实践条件和实践基地建设项目占比26%，师资培训项目占比15%，新工科、新医科、新农科、新文科建设项目占比10%，如图4-15所示。

（六）2018年第二批协同育人项目构成

2018年第二批协同育人项目中教学内容和课程体系改革项目占比36%，创新创业联合基金项目占比1%，创新创业教育改革项目占比9%，实践条件和实践基地建设项目占比26%，师资培训项目占比20%，新工科、新医科、新农科、新文科建设项目占比8%，如图4-16所示。

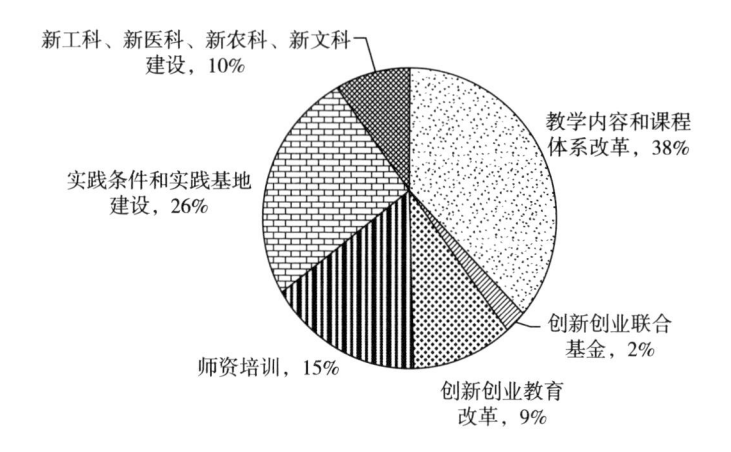

图 4-15　2018 年第一批协同育人项目构成

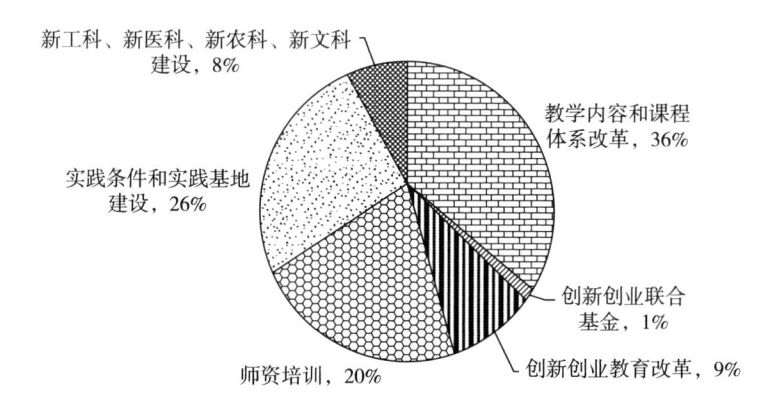

图 4-16　2018 年第二批协同育人项目构成

（七）2019 年第一批协同育人项目构成

2019 年第一批协同育人项目中教学内容和课程体系改革项目占比 33%，创新创业联合基金项目占比 2%，创新创业教育改革项目占比 7%，实践条件和实践基地建设项目占比 28%，师资培训项目占比 19%，新工科、新医科、新农科、新文科建设项目占比 11%，如图 4-17 所示。

第四章　应用型本科高校会计专业人才培养存在问题分析 | 87

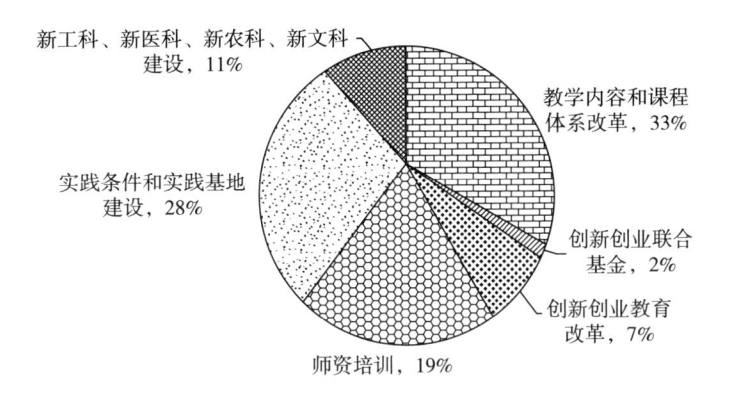

图 4-17　2019 年第一批协同育人项目构成

（八）2019 年第二批协同育人项目构成

2019 年第二批协同育人项目中教学内容和课程体系改革项目占比38%，创新创业联合基金项目占比1%，创新创业教育改革项目占比7%，实践条件和实践基地建设项目占比25%，师资培训项目占比20%，新工科、新医科、新农科、新文科建设项目占比9%，如图4-18 所示。

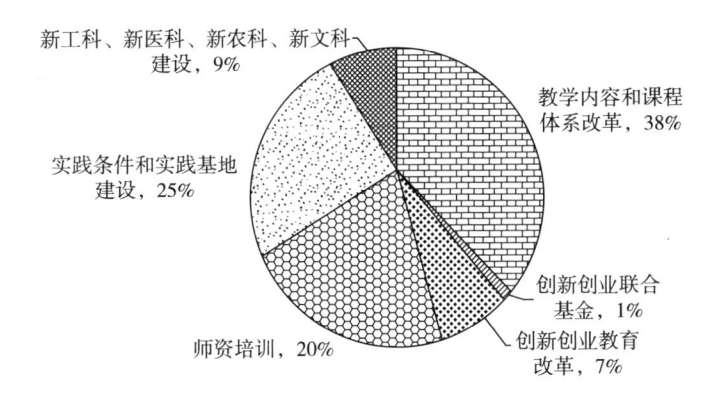

图 4-18　2019 年第二批协同育人项目构成

（九）2020 年第二批协同育人项目构成

2020 年第二批协同育人项目中教学内容和课程体系改革项目占比

33%，创新创业联合基金项目占比 1%，创新创业教育改革项目占比 6%，实践条件和实践基地建设项目占比 29%，师资培训项目占比 20%，新工科、新医科、新农科、新文科建设项目占比 11%，如图 4-19 所示。

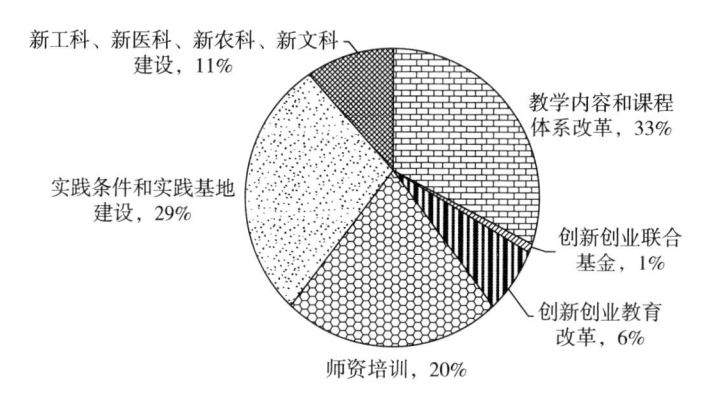

图 4-19　2020 年第二批协同育人项目构成

（十）2021 年第一批协同育人项目构成

2021 年第一批协同育人项目中教学内容和课程体系改革项目占比 36%，创新创业联合基金项目占比 1%，创新创业教育改革项目占比 6%，实践条件和实践基地建设项目占比 23%，师资培训项目占比 23%，新工科、新医科、新农科、新文科建设项目占比 11%，如图 4-20 所示。

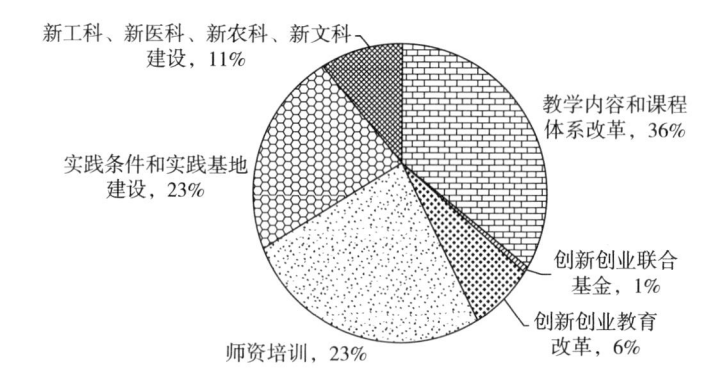

图 4-20　2021 年第一批协同育人项目构成

（十一）2021 年第二批协同育人项目构成

2021 年第二批协同育人项目中教学内容和课程体系改革项目占比 32%，创新创业联合基金项目占比 1%，创新创业教育改革项目占比 6%，实践条件和实践基地建设项目占比 29%，师资培训项目占比 21%，新工科、新医科、新农科、新文科建设项目占比 11%，如图 4-21 所示。

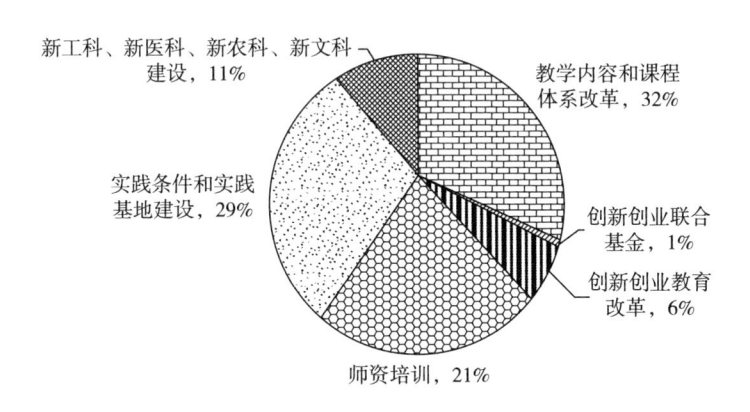

图 4-21 2021 年第二批协同育人项目构成

第二节 存在问题分析

通过对近年来教育部协同育人立项情况的分析，目前应用型本科会计专业人才培养存在诸如人才培养与产业行业企业的匹配度不高、忽视信息能力以及职业素养的培养、课程理论化教学方式单一、考核评价体系设置不合理、课程设置与岗位需求有偏差、企业参与度低以及师资培训与校企共编教材合作不深入等问题。

一　人才培养与产业、行业企业的匹配度不高

作为传统专业，许多地方应用型本科高校都开设了会计专业，但当前我国地方应用型本科高校会计专业的教学理念，存在一定的落后

性，不能适应当代科技迅速发展的趋势，仍然将教育教学目标定位在传统会计核算技能的掌握方面，侧重于传授记账、单据、核销等基本会计业务技能，使学生能够快速适应基本会计工作，增加就业机会。但这种教学目标很难做到与时俱进，将人才培养目标与产业要求保持一致，也难以考虑到人工智能对于传统会计行业的冲击。地方应用型高校会计专业教学侧重理论教学，实践教学比重不足，无法与行业匹配。容易形成以核算理论教学为主线的教育模式，无法适应新型管理会计的岗位要求，缺乏跨行跨界思维和解决问题的能力，对地方应用型本科高校会计专业学生职业技能的定位没有充分考虑经济社会的发展需要和市场发展前景等因素，造成一定的资源浪费和学生的就业难现象，成为当下会计专业进行产教融合创新发展的瓶颈。产教融合的顺利推进和深化需要学校、企业、行业各方的积极参与和推动，打造利益共同体，以共享资源、协同发展为主基调，实现培养自身综合能力、提升就业竞争力的目标，将各种资源优势发挥到最大化，实现合作共赢。但目前来看产教融合还未能形成各参与主体的良性循环，行业、企业的需求无法实现与人才培养目标的顺利对接，其积极性并不高，合作内容松散，缺乏整体性引导，合作模式也较单一，大多以顶岗和订单式培养为主，没有形成紧密合作关系。

（一）教学任务与会计岗位没有产生较好的衔接作用

人工智能与产教融合是新时代我国地方应用型高校会计专业教学重要手段，对学校教育内容提出及时更新升级的要求，从而使得教育教学内容和相关资源都具有时代性特色，更加符合时代要求。我国地方应用型本科高校会计专业教学过程中，学生能够学习到的会计知识并不能直接应用于工作岗位中，教育教学和岗位需求产生一定误差，从会计技能培训课程来看，对于培训要求及培训目标定义的比较模糊，无法依据培训目标制订具体的培训计划，并且实践模块的比重和最终的实践技能学习收效也并不理想，教学内容无法与岗位要求相衔接，不能适应新型会计岗位的需要。

（二）关于会计教学的辅助手段还不成熟

教育教学环节的脱节还体现在会计教学辅助手段方面，用于学生会计技能演练的培训建模软件应用率不高,实践课程比重并不足以培养与实际会计岗位工作相适应的实践能力。由于会计专业存在着大量实操的要求,实训模拟的作用就尤为重要。当前我国地方应用型本科高校会计专业教育中,存在单一化的教育教学内容劣势,难以提升学生的兴趣和积极性。而校外实践平台的基础设施配备情况仍旧很不完善,无法帮助实践课程的教师进行实践教学和会计相关实践项目的演练,无法实现有的放矢,达到真正加强学生的会计实践操作能力的效果,在有限的课程时间内完成对学生会计专业岗位技能的学习和充分演练。

(三)"互联网+"时代背景对于传统会计教学模式的冲击进一步加剧人才培养目标与岗位需求的脱节现象

人工智能的高效发展意味着当代科技社会正在步入新的发展阶段,这种浪潮也对我国当今的教育行业产生了一定影响,新兴事物的涌现正不断冲击着传统的会计教学模式,也对本科高校会计专业提出新的教育模式要求。在"互联网+"的时代背景下,要实现会计专业的优化升级,就要对现有的会计教学实践体系进行及时优化,以支持教师进行会计专业实践技能模块的创新,巩固本科高校会计专业的教学成果和人才培养成果,为时代发展和国家经济建设不断输送复合型人才。

二 忽视信息能力以及职业素养的培养

人才培养目标是本科高校会计专业人才培养的重要指标,反映了本科高校在教学层面和人才培养领域的基本价值观念。树立了明确的人才培养目标能够对本科高校会计专业教育改革和人才培养指明方向,对会计专业人才培养起到积极作用。当前会计人才培养模式中,人才培养目标定位不清晰,例如有的本科高校人才培养目标定位过高,既要求学生德智体美全面发展,还要具备过硬的专业知识基础和丰富的实践能力,发展成为应用型高级人才,这种过高的人才培养目标远远超出学校人才培养的实际,缺乏务实性,教研人员无法按照人才培养目标的要求开展教学,使得人才培养目标最终沦为口号。有的高校还会存在人才培养目标过低的现象,例如将人才培养目标定位在培养会计核算分析等基础型技术人才等,这种人才培养目标与职业院校人才培养目标相混淆,不符合本科高校学段人才培养目标的层级标准,也不符合国家对于本科高校会计专业人才培养提出的相关要求。无论人才培养目标过高还是过低,都脱离了教学工作和人才培养过程的实际,不能发挥目标的导向性作用。对于本科高校会计专业人才培养而言,不仅需要会计专业的学生能够具备扎实的基本职业技能,还需要具备成熟的实践应用能力和一定的社会化能力,例如能够正常与人进行协作沟通的能力,或者正确的职业价值观等。在综合能力框架的影响下,学生进入工作岗位之后能够顺利完成会计岗位中企业交办的各项业务,并且秉承严谨认真的工作态度保障公司财务体系的稳定有序运行,在此过程中不断磨炼应对突发情况的能力,并激发创新创造思维。在本科高校会计专业学生职业能力培养过程中,不能将职业能力等同于职业技能,只关注学生职业技能的养成,忽视对学生社会化能力和职业道德方面的培养。要提升人才培养质量,必然先需要形成明确的人才培养目标,将对会计专业人才职业价值观的培育融入人才培养目标中,并结合学校实际,制定符合高校自身特色的人才培养目标。

(一)学习过程侧重传统会计业务,缺乏时代性特色,不利于培养多元化应用型人才

新的时代背景下,要具有跨越式思维和创新意识,要具备信息能力和足够的职业素养。而在学生步入社会进入工作岗位之前,绝大多数的教育工作都在学校中进行,对于传统会计的要求大多停留在对基本账务进行填写和审计、编制报表等业务层面,会计专业也将这部分技能设置为基本教育目标。但随着人工智能的普及,除基本业务能力外,还需要具备管理会计的职能,需要有一定的信息能力及职业素养。但当前应用型高校会计专业教学过程中,在教学模块构建方面缺少对信息能力及职业素质的培养内容,不利于学生信息化处理能力以及职业素养的提升。

(二)缺乏针对培养地方应用型高校会计专业学生信息系统处理能力的教育内容

人工智能时代的到来呼吁会计工作内容从传统向智能化、信息

化、现代化发展，发挥数字化时代的优势，培养信息能力和应用能力，推动财务核算工作的转型升级，部分高校针对这一趋势也做出了相应的教育内容创新，但程度还远远不够，行业、企业都急需对信息技术具备应用能力，对大数据进行收集、分析、处理能力的复合型人才，打造人工智能和"互联网+"的新型会计岗位职责模块，更加适应新时代企业对于会计工作提出的具体要求，帮助企业更快实现商业愿景，并推动整个财务板块的革新。但当下由于缺乏针对培养地方应用型高校会计专业学生信息系统处理能力的教育内容，影响了学生的就业前景和发展空间，也不利于优秀会计专业学生与企业的对接，难以实现企业的人才需求和内部优化的实际需要。

（三）缺乏针对高校会计专业学生职业道德和职业素养方面的内容

除过硬的专业知识素养外，职业道德和职业素养也是保证人才培养和行业优化的重要因素，良好的职业素养能够帮助学生塑造健全人格，成为新时代背景下企业和行业都需要的应用型会计人才。部分高校将教学内容的重点放在专业知识技能课程中，职业道德部分的内容则会作为选修课程，不能为学生带来实质性的职业素养的培育和优化。特别是人工智能时代，信息化平台的容量已经不可与传统会计数据库相提并论，存在一定的财务信息篡改风险，因此必须建立良好的职业素养以保障财务环境的健康运行。

三　课程理论化教学方式单一、考核评价体系设置不合理

从当前本科高校的会计专业教学方式来看，教学过程依旧沿用传统的理论化教学模式。在这种课程体系下，理论课程无法引起学生的学习兴趣，而实践课程所占比重很低，学生花费了大量时间学习理论知识，却没有机会训练在会计操作实务方面的基本能力，被动的灌输模式也无法发挥学生学习主体的地位。在进入企业工作岗位之后，所学内容与岗位需求脱节，学生一时间难以适应岗位实操环境，使得单一理论化教学模式的弊端显露无遗。随着我国产教融合的不断发展，许多高校寻求与实力企业的合作，采用协同育人的方式提升学校学生的专业技能水平。但由于校企合作缺乏相应的利益机制和持续性政策

保障，很难达到长期深度的合作，无法对本科高校会计专业学生的综合素质带来现实意义上的提升和改进，也不能有效推动本科高校的课程改革，使得许多本科高校的课程设置仍然采用单一的理论化教学，不符合时代发展需要和行业、企业对会计人才的根本需求。从课程结构看，理论课程与实践课程的比重不平衡，学校实践教学课程不能为学生提供较好的实践课程资源，无法为学生提供符合最新市场发展需求和会计行业政策的实践演练机会。另外，教材还容易存在与实际业务过程不相符的现象，影响学生的认知程度。通过文字讲述来呈现经济业务的形式也不符合现实中原始记账凭证的实际情况，学生能够掌握丰富的理论知识，但学生的主观能动性没有得到发挥，也没有培养学生的创新创造思维和相关实践应用能力。落后的教学模式使得学生实践能力培养滞后，导致企业用人成本和培训成本的增加，不利于缓解就业矛盾。我国本科院校职业教育课程体系建设缺乏详细的分层与分类，同质化倾向难以使学生综合素质与企业经济结构转型升级要求相适应。校企合作不应该只局限于请企业入校合作，还应该注重与企业专业人员的角色互换，让企业人员走进来，让教育工作者走出去，只有这样才能完成相互间的资源转换，才能设置更准确、更合理的教育课程体系。除此之外，院校还应该积极向企业争取岗位实训，提早让学生进入企业了解相关岗位流程，以便毕业后能够快速融入工作岗位中。

（一）评价指标太过于单一和片面

目前我国本科高校对在校生的教育评价手段基本沿用传统教育评价手段，采用闭卷考试加评分的方式完成对学生学习质量的考察，这种考核评价体系在应试教育阶段具有一定的作用，但已不符合时代发展的规律和教育改革的发展趋势。在新的时代背景下，我国本科高校会计专业教学过程必须对考核评价体系进行更新升级，从而能够有效反映教学质量，实现会计专业人才综合素质的提升。对于传统评价手段而言，由教师组出题，学生作答的方式，虽然能够对学生掌握的理论知识进行有效检验，但由于评价指标和内容的单一性和片面性，无法发挥评价指标对学习质量的整体评价作用。

（二）评价主体单一，存在一定主观性

在当前本科院校人才培养评价过程中，大多采用教师阅卷的评价方式，老师是唯一的学习质量评价主体。这就容易导致在客观题目的评价方面，效率不高，在主观题目的评分方面弊端更加严重，由于主观题目与客观题目并不相同，在评分方面更加依赖老师的个人认知和专业水平，容易导致教学评价缺乏一定的客观性。

（二）偏重结果评价，没有加入过程性评价指标

在当前本科高校考核评价机制中，基本采用卷面成绩和分数作为学生学习状态的唯一评价，这种评价分数只能代表学生在本次考试中的得分情况，反映学生针对考试理论内容部分的掌握程度表现，并不能反映学生在日常课堂表现、出勤、实践项目中的相关行为，没有建立起过程性评价指标，不利于学生在学习过程中的主动性培养。

（三）没有形成评价闭环，缺少相应的评价反馈机制

我国本科高校会计专业教学评价没有有效的延伸和反馈机制，缺少评价闭环和评价反馈机制，不能让学生做到有效查漏补缺，影响考核评价在监督改进学习质量方面的效果。

四 课程设置与岗位需求有偏差

由于改革开放后我国对于教育事业的改革起步较晚，使得职业教育内涵发展并不全面，专业理论课程设置更是与社会需求产生了脱节，无法满足岗位需求。由于校企之间的合作办学形式与机制缺乏健全的法律法规约束，使校企合作基本流于形式。通常情况下，在校企合作中都是由学校单方面出面联系企业进行合作，在缺乏政策支持的情况下，院校凭借自身条件很难满足企业提出的利益诉求点，于是企业常常抱以应付了事的态度，象征性地为实习生提供一些简单的工作岗位。对企业来说，企业更在乎的是自身的盈利状况，在与院校开展校企合作的过程中，企业通常会权衡利弊，将合作视为一种投资，如果觉得付出与回报不成正比，就很难全身心地投入到合作中。尤其是针对会计行业，由于需要与财务部门接触的特殊性，在合作过程中，企业需要承担一定的财政机密泄露风险，所以企业通常不愿为实习生提供重要的岗位培训。学生无法深入企业内部进行实践，

所学的理论知识也无法全面运用于工作岗位中。针对此种情况，国家应尽快完善校企合作中的法规制定，加大对企业的优惠政策力度，以此来调动企业合作积极性，为校企合作提供和谐、健康的实训环境及岗位。

（一）实践岗位与课程设置契合度低

1. 实践岗位与课程设置契合度低

会计岗位属于实操型岗位，会计学科也是应用实践性非常强的学科，扎实的实操能力是胜任会计岗位相关工作的前提，也是会计学科人才培养的重点。随着我国经济持续发展，对专业会计人才的需求也就越来越大，因此近几年有更多的学生会把会计专业作为第一志愿，因此在本科学院会计专业的学生人数直线上升，大量的同专业学生也直接导致了会计专业的竞争压力的增加。在会计专业人才培养过程中，如何提供丰富的实践条件一直是教育工作者的工作重点。企业拥有真实的财务运行环境，校内外实践基地等也可以为学生实践能力培养发挥作用。因此在会计专业人才培育过程中，必须重点关注实践教学成果，切实提升学生的实践操作能力。但我国当前本科高校会计专业人才培养模式中还没有完全摆脱传统教学模式和相关思想的束缚，存在教师与学生实践培养不足的情况，会计专业的实践课程没有发挥出应有的作用，实践教学的案例资源数量不足并且较为陈旧，这些都影响着本科高校会计专业人才培养的质量。在企业招聘财务会计等工作岗位时，非常看重应聘者的实习经历和相关工作经验，有效的实践课程经历能够让学生在参加企业招聘时展现出丰富的实践技能基础，从而帮助学生在激烈的人才竞争中脱颖而出，实现顺利就业。会计专业学生想要积累实习经历和相关工作经验，必须接受丰富的实操课程训练，不断磨炼提升财务会计相关业务的实操技能。

2. 部分教师实践教学能力欠缺

教师与学生的实践培养是本科高校会计专业人才培养的重要环节。当前教师与学生实践培养不足的现象影响了本科高校会计专业人才培养质量，不利于学生职业技能的养成，没有实现会计基础操作、财务业务和审计的有机结合，影响了本科高校会计专业教学质量改进

第四章　应用型本科高校会计专业人才培养存在问题分析　97

的步伐。目前我国本科院校会计专业的教师在实践教学方面的能力仍有所欠缺。随着现代化社会的急速发展，市场竞争也愈演愈烈，会计岗位在现代企业的需求量也越来越多，要想让实践教学发挥出实效，就离不开专业的"双师型"教师的引导。但是，就目前我国本科院校来讲，拥有双师证书的教师虽不在少数，但是真正拥有双师型教学能力的老师却少之又少。拥有双师证的教师通常都拥有较高的文化理论素养，但是却缺乏对会计专业从业的相关工作经验，在对学生普及理论知识的时候难免会有实际业务操作上的引导缺失，无法使学生更好地掌握会计专业的实践操作。另外，有些本科院校会选择从社会企业聘请一些专业的会计人员来校担任兼职教师，但是由于在实践教学方面的经费匮乏，通常聘请的专业人员并不是常驻院校，而是以兼职的身份在校为学生传递会计工作的相关知识，对教学没有持久的连续性。在授课过程中，经常会出现因为需要同时在企业与院校之间两边兼顾的特殊性，根本没有多余的时间去充分地备课和检查学生的作业情况。所以大多数外聘专业人士多以每周开展举办讲座的教学方式集中讲解教学内容，这种教学方式对于学生来说，能吸收到的有用的知识与技能层面是十分有限的。

（二）地方应用型本科高校会计专业的课程设置不足以满足企业与人工智能时代相对应的会计岗位需求

我国社会主义市场经济的快速发展得益于知识经济时代的推动，并且信息化和数字技术也在不断实现新的突破，在信息化管理时代，企业对于会计岗位的需求体现在对市场需求的把握程度以及对现代化科技的应用能力中，特别是对新型会计平台的应用和对企业发展战略的了解，将财务与销售、研发、质量及出入库管理等多部门进行衔接，这就对地方应用型本科高校会计专业的课程设置提出了更高要求，例如对于教材等教学资源进行及时更新，以及对动态化发展掌控能力的培养等。而在我国地方应用型本科高校会计专业的教育过程中，虽然已经形成了能力为本位的教育大纲，构建了与此相关的教育体系和课程框架，但针对智能化时代特点，还需进一步适应会计岗位能力突破核算型传统模式，以满足工作内容升级的要求。地方应用型本科高校会计专业的实践教学体系与岗位需求不匹配。新业态新模式，经济大环境的转型与国家整体经济结构的调整使得新的经济发展业态逐步发展，要把握时代发展方向，优化内部教育结构，优化地方应用型本科高校会计专业人才的专业知识基础和职业能力的培养。目前大多数地方应用型本科高校都面临着如何将会计专业核心技能从基础会计实训工作向业务型、管理型会计转变的实际问题，缺乏统一的实践教学资源，难以跟上当代企业对于会计岗位的实际需求，进而出现会计专业与行业和岗位之间的适应度偏差问题。在培养学生的工匠精神和跨界思维方面优化课程设置，不断加深产教融合程度，实现与行业、企业的深层对接。缺乏多层次的课程教学模式，无法达到因材施教。例如多层次的课程教学模式和人才培养目标等，无法突破传统会计专业教育教学模式的弊端。对于地方应用型本科高校会计专业而言，由于缺乏多层次的会计专业课程教学模式，无法达到因材施教，不能充分调动学生的学习积极性。缺少个性化的人才培养分类目标，难以构建基本型和提升型的分层次课程教学模式，对于学生的学习成果评价造成一定偏差，也不能满足企业与行业对会计岗位的实际需求。

五 企业缺乏经济动力，课程建设企业参与度低

（一）校企出发点不同

在校企合作过程中，由于合作双方的利益出发点与目标不同，最终可能会产生矛盾。从院校角度出发，如何为国家培养高素质的应用型人才是合作的最终目的。但是从企业角度出发，通常情况下，其主要目的都是为了创造收益，参与校企合作往往是建立在一定利益基础上的，他们会充分考量与院校合作能否为企业带来最终收益，例如企业与院校合作是为了能在学生毕业后，直接进入企业充当廉价劳动力；参与校企合作能够有效拓展企业知名度，使自身形象得以提升；企业需要借助院校科研力量，突破内部知识屏障，创新完善自身产品和服务。但是这几个方面对于企业来说，也并不是非得依托与院校合作才能实现。例如企业可以通过参与慈善活动或是降低优质产品价位提升自身的知名度，树立良好的社会形象；也可通过广发招聘启事的

方式寻求符合企业发展的补位人才；还可通过聘请业内专家对相关工作进行专业性培训与指导等，以此提升企业内部专业知识储备。在企业有了第二选择时，难免会将院校与其他备选途径进行详细的比对与分析，尤其是在校企合作过程中还包含着诸多不确定风险因素，因此，在没法准确预期投入与回报是否成正比的情况下，企业很难积极主动地参与校企合作。因此，迫切需要出台相关政策，协调校企间利益均衡，促成双方深度合作。

（二）企业难以在产教融合过程中获得客观经济收益，参与意愿不足

在"互联网+"时代背景下，企业作为经营主体，以经济基础为前提进行市场竞争、市场扩张与产品优化更新。在人工智能以及产教融合的大方向下，要实现会计专业人才培养的校企合作，学校希望企业可以提供一定的资金与教育资源支持，为地方应用型高校会计专业培养优秀人才，但企业在其中能够获得的直接经济回报和利益驱动极少，只能依靠国家资金补助，但国家扶持资金有限，对于产教融合难以配备足够的资金支持，影响了企业积极参与校企合作的动力。由于会计工作的特殊性，会计岗位人员需要直接接触公司的财务运行情况及相关数据信息，这些都属于企业的核心利益，一旦泄露会对企业产生不利影响，因此企业对这些信息处理较为谨慎。其次是校企合作的不稳定性和学生择业取向等个体因素，企业在参与人才培养时有培养成本方面的顾虑，担心为学生提供了实践条件，最终学生没有选择进入企业工作，从而导致培养成本的损失。此外，校内外实践平台搭建和维护的经济成本过高，学校经费无法负担，即使搭建了实践平台，也因没有进行后期维护更新导致与市场发展脱节的现象。由于学生人数众多，就需要联系更多的社会企业安排学生进行实习，但是在校企合作方面，实际愿意接纳实习生的企业却少之又少。院校的初衷是想通过与企业合作提升学生的综合能力，让学生可以提前适应社会，便于毕业后参加工作时可以顺利过渡，而对于企业来讲，盈利永远是其首要目标，如果校企合作不能为企业带来经济收益，那么企业根本不愿意与院校达成合作关

系。对于企业来讲，这种短期的实习生，无法为企业带来长久的收益，因此，他们更不愿过多地投入培训的成本。这种短期的实践过程，对学生来说无法积累会计工作的经验，对企业来说浪费了人力资源，也降低了院校与企业合作的积极性。

(三) 会计岗位特殊性影响企业积极性

目前，我国参与校企合作的企业中，国有企业占比较多，与其他性质的外资等企业合作比例较低。校企合作的最终目标是为了培养适应企业需求的应用型人才，而专业对口就需要合作双方承担起共同培养的责任，然而，因为企业与院校间本身不同的目标差异性，使得合作开展方面存在一定的局限性，例如政府未能充分发挥主导作用，就目前校企合作开展程度来看，我国政府针对校企合作出台的多为倡导性政策，缺乏强制约束性，无法引起企业重视，无法促成校企深度合作。企业加入校企合作需要增加投入成本。多数企业普遍认为，参与校企合作首先就需要投入大量的人力与财力，但是投入效果却无法进行准确估量，在利益回报不确定的情况下，企业很难积极参与合作。校企合作使企业面临商业机密泄露与人才流失风险。企业参与校企合作除了要面临上述利益风险外，为了让学生深度了解企业运行流程，往往会涉及一些重要的工作岗位，比如，会计专业的财务部门。如果提供企业内部财务管理的实践岗位，就会涉及企业内部机密。企业在学生培训期间付出了大量的培训成本，培养出了高质量人才，但是却不能保证人才能一直留在企业内部为企业创造收益，因此，也在很大程度上限制了企业深度参与校企合作的积极性。

(四) 校企合作流于形式

目前我国校企合作办学的教育理念也已经得到多方主体的普遍认可。通过校企合作为企业培养一批又一批的高素质人才，是推动企业经济发展的重要途径，但这种途径并不是企业用来提升自身核心竞争力的唯一途径，因此，企业只有出现用人紧张，迫切需要专业人才填充岗位时，才会对校企合作产生依赖性。开展校企合作更利于企业的长远发展，而不是拘泥于眼前的小惠小利，在缺失了一方参与的情况下，校企合作最终只能流于表面形式，无法发挥出实际效用，政府与院校应该出台相关的优惠政策,提升企业的内部驱动力。在校企合作实施过程中,院校需要构建完善的合作机制,并通过具体部门落实执行任务。

(五)校企合作缺乏深度

当前我国的校企合作大多停留在以院校为主导的培训模式,与企业缺乏深度合作,只有极少部分的学生能够参与"订单式"培养模式,无法达到社会企业对人才需求的标准。在我国地方应用型高校中,实习计划通常在大四进行,该时段虽课业压力较小,但学生面临求职和毕业论文压力,在有限的实习时间内进入企业岗位,对于工作专注力和效率是一大考验。同时,由于会计工作的特殊性,大部分企业无法将核心财会信息和运营情况透露给实习岗位的高校学生,在参与校企合作的进程中通常会只分配给实习岗位学生一些杂务,这使得学生在实习阶段无法获得实际的技能提升,也不利于企业对学生综合能力进行评价。对于企业而言,在实习项目结束后,企业提供了岗位资源和培训机会,但没有使学生实际参与到企业会计工作中来,导致实习项目收效平平,不能给企业带来人才储备,也不能给企业带来客观的经济效益,使得校企合作最终流于形式。在校企合作的过程中,企业的参与会使得课程建设更加具有现实意义,更能够让学校在人才培养过程中直接对接企业的人才需求,进行针对性培养,并且企业的参与能够为学生带来丰富的实践教学资源,是实现校企深度合作的必要手段,但现实中,企业在激烈的市场竞争环境下,通常无暇顾及产教融合项目,对于人工智能及会计产业的现代化模块构建,大多数企业也是持观望态度,很难有机会实际参与地方应用型本科高校会计专业产教融合项目,产教融合项目缺乏相关的法律及政策辅助,难以调动起企业的参与积极性,阻碍了产教融合的深度发展。

六 师资培训存在的问题分析

(一)师资培训机制不健全

近年来随着国家对于人才培养工作的重视度不断提升,对于高校教师师资培训提出了更加严格的要求。在国家政策影响下,高校教师队伍的总体规模有所上升,但由于我国人口基数大,从师生比来看,数据仍然不乐观，体现出我国当前在师资培训选拔机制方面的不足。对于本科院校会计专业而言，仍然存在大量的师资力量缺口，缺少丰富的教师资源，骨干教师的缺少影响了人才培养质量，并且加重了现任教师的工作任务。科学的选拔培养制度和竞争机制亟待建立，成为当前高校师资培训存在的重要问题。有相当比例的教师还没有建立起终身学习、终身教育的观念，在教师能力评估和晋升过程中没有激发教师群体自我提升的自主性和意识，不利于人才培养质量的有效提升。对于教师群体而言，要获得自身满足感就必须从工作中实现自我提升和自我价值的体现，使知识增值，自身专业水平得到有效发挥。因此，在师资培训机制的构建方面，必须建立完善的激励机制，激发教师群体的奉献意识和优良的道德品质，实现政治和人文、精神和物质的满足。目前，激励机制的不健全体现在激励和约束机制的有效性亟待提升上，由于缺少有效激励，教师群体参与培训的积极性较低，培训的作用不能得到有效发挥。并且评价考核制度也存在一定缺位，不足以调动教师的积极性。没有健康积极的培训环境和氛围，就无法为教师专业能力的提升创造必要条件，影响了教师的育人质量和自身教学能力的优化。在当前师资培训机制中，评价考核大多以定量化考核为主，缺少对于培训项目的整体评价以及结合培训成本和培训成效的综合评估，评价内容中强调教学数量，一定程度上忽视了教学质量。以组织考核为主的模式也使得评价导向作用弱化，无法对师资培训整体绩效情况进行有效评价，也无法发挥评价机制的导向性或者调动教师群体参与积极性。教师群体参与培训具有一定的盲目性，培训质量得不到有效保障，也无法满足教师群体在参与培训过程中的具体个人能力优化需求。

(二) 师资培训模式缺乏创新

目前对高校师资培训工作还没有建立科学认识是影响师资培训模式有效创新的重要因素之一。随着时代发展，传统的师资培训模式因为没有顺应教师个体的个性化特点逐渐显露出明显弊端。尤其是随着终身教育等理念的普及，对于师资培训模式多样化的需求愈发强烈，传统师资培训模式对于教师个性化和需求的忽略愈发明显，对高校师资培训工作缺少科学认识成为对师资培训多元化发展和全面升级的阻碍。近年来，教师群体对于培训积极性逐渐上升，很多教师具备了参与培训的基本意愿，并且随着市场经济体制的不断成熟，师资培训主体也开始向多元化发展，激发了多方面的培训需求，对于培训工作建立正确认识的必要性也更加突出。师资培训模式缺乏创新还体现在师资培训手段的单一和内容的陈旧。在我国师资培训中，存在多种培训模式，例如岗前培训、助教进修、高级研讨班、在职培训和出国进修等。但在师资培训各种模式中，培训内容都是以政府要求为依据制定的，存在一定的单一性。从培训内容设置方面，没有体现出不同学科、不同学校、不同地域之间的差异性，忽视了教师个体的需求。师资培训手段的单一和内容的陈旧还突出体现在对业务培训的重视上，没有对教育技术和基础技能进行强调，并且培训过程中采用以理论为主的注入式教学，使得教师在课堂上也沿用注入式教学模式，使得教学活动充满应试教育色彩，缺少创造力。另外，师资培训模式的陈旧还体现在管理人员素质有待提升方面。目前在师资培训体系中，管理人员的知识结构亟待更新，其业务水平低于市场要求，不能满足高校管理科学化现代化的要求，没有实现师资培训的规范化运行，并且也缺少激励机制和有效评价机制，影响了管理人员队伍积极性。

（三）师资培训机制经费不足

师资培训机制经费不足受政府投入力度的影响，政府投入力度较小时，师资培训机制就会因资金不足而优化升级的动力不够。政府作为师资培训的重要主体角色，承担着宏观调控的重要任务。在参与师资培训项目时，政府需要充分利用市场竞争机制，实现各项资源的开发和有效利用，从而为师资培训提供充分供给，以计划经济或者行政法律等手段，对师资培训进行合理引导和提供支持。政府保障师资教育投入力度，就能够对高校教师培训发展起到积极作用，但由于政府资金支持规模的有限性，对师资培训投入力度不足，只能保障高校的基本运行，因此制约了师资培训的进一步发展，也不利于高校实现人才培养和带动区域经济发展及科技创新的重要任务。除政府投入力度不足以外，高校自身培训经费的短缺也是构成师资培训机制经费不足的重要因素。高校作为学生教育和教师培训的重要责任者，具有独立的法人资格和教师聘用的自主权，在高校运行中，相当比例要依靠国家财政拨款来进行，在这样的资金状况下，对师资培训进行安排难度较大。随着师资培训重要性的凸显，近年来许多高校已经正确认识到师资培训的必要性，在意识方面有所提升，但由于总体经费紧张的实际困难，在师资培训经费投入方面不足，并且由于高校的公益性质，其进行社会资金筹措的难度也比较大。在银行贷款方面，由于校区扩建等因素，不少高校资金投入力度较大，贷款增多，使得在银行贷款方面的难度也逐渐加大，难以获得银行的贷款支持。高校在培训经费方面经常心有余而力不足，资金的短缺使得师资培训工作难以开展。高校教师作为接受培训的主体和主要受益者，应当正确认识到师资培训对于提升教师专业教学能力和个人素质的积极作用，及时转变工作思路，以培训成本分担为原则，缓解校方的经济压力，从而避免因学校资金短缺导致的师资培训机制不健全、培训质量不足的现象。

七　校企共编教材停滞于松散的浅层面合作

目前，从校企合作教材开发的角度来看，结合当前大部分的本科学校会计专业的教材编写问题的实际情况，可以看出，近年来校企合作的教材开发，随着教育部的改革，也在逐渐组织立项，并且采用校企联合的方式，共同编写开发教材，致力于开发出具有创新专业性的本科学校会计专业教材，各个地区的本科学校根据当地特色，因地制宜与各地区的企业合作教学，共同编写极具地方特色和专业性的教材，依托丰富的教学资源和良好的教育环境，共同开发出多元化且融合度高的校企合作教材。但是，根据当前信息化发展的进程以及社会对于教育资源的多样化需求来看，校企合作教材开发仍然存在诸多问题，主要体现在教材同质化严重；教材配套资源单一，总量不足；校企共编教材停滞于松散的浅层面合作；而且在教材内容方面，常常与企业岗位的需求脱节；教材配套资源较为单一，教学应用与信息化的需求脱节。上述问题对于应用型本科会计专业教材的建设工作带来了一定程度上的阻力，不利于开展基于校企合作模式的教材开发。

(一) 部分教材同质化严重

根据我国教育部以及相关组织的规定和要求来看，校企合作教材的开发，应当根据地区的不同和当地企业的特色，因地制宜地制定出兼具专业性和创新性的会计专业教材，从而能够从教材的内容本身凸显出其鲜明的特色。当前，校企合作教材开发存在着教材内容方面的问题，主要体现为部分教材同质化严重。校企合作，教材开发的具体内容对于基于校企合作模式的应用型本科会计专业教材建设有着极为重要的价值，而如果仅仅注重教材内容的数量，而忽略了教材内容的质量，那么就会导致各个地区校企合作的教材趋于统一，特色不鲜明，同质化的现象会给教材创新改革带来非常大的压力，尤其是对于教材多样化建设和提高市场准入门槛来说，不利于本科院校的教师追求更好更高的市场准入门槛，也不利于教材开发市场的人才队伍建设。出现这一问题同样与部分教材出版社相关，由于我国对教育重视程度的不断提高，教育相关的机构层出不穷，教育资源的不断增加也在刺激着新的一轮的教育改革，这就给教材的开发提供了较好的环境，教材数量呈现出直线上升的趋势。基于校企合作模式的应用型本科会计专业教材在同一领域重复建设，教材本身缺乏以本科阶段会计专业大学生能力培养为核心的特色，充分体现本科教材培养人才的目标建设，教材同质化现象已经严重影响校企合作应用型本科会计专业的创新化、专业化教材建设。

(二) 教材配套资源单一，总量不足

校企合作教材开发除了质量上的问题，还有同质化现象严重，在数量上的问题也较为突出，主要表现为配套资源上较为单一的标准，教材配套资源的问题通常表现为教材版本新，实质内容老旧，单一的教材配套资源已经跟不上我国快速的经济发展进程，以及本科大学生和相关专家学者对基于校企合作模式的应用型本科会计专业教材的需求度，这与当前校企合作发展下教材同质化现象息息相关，二者在质量上与数量上的联系同样影响着整体校企合作下会计专业的资源配置总量。新开发的专业教材数量欠缺，校企合作教材的配套资源愈加匮乏，且教材的更新速度较为缓慢，远远达不到社会和市场的需求。

(三)联合开发教材缺乏深度

基于校企合作模式的应用型本科会计专业教材建设要求本科高校和相关合作企业不断完善相关合作机制，进行深层次的合作。然而当前存在诸多校企合作的合作机制不完善问题，主要表现为校企共编教材停滞于松散的浅层面合作，各自单独负责属于各自的部分，互不干涉或少有干涉，彼此之间联系不紧密，虽然很多高校和企业之间达成了一定的合作意向，在开发教材方面也有所研究，但是实际上在很多关键环节，都缺少深层次的合作和沟通。在教材配套资源市场当中，高校和企业共同参编教材，需要企业的专家学者和高校的老师共同携手合作，投入到参编的整个过程当中，在此过程当中，通过深入透彻的了解和研究，不断加强彼此之间的专业熟悉度从而在编写教材的过程当中，能够有一个统一的评判标准。然而，事实并非如此，在校企共编教材的过程当中，有很多企业仅仅是采取挂名制，不投入到具体教材编写的全部过程当中，主要的编写任务仍然由高校的老师来操作。编写一本科学专业的具有权威性的会计专业教材，不仅需要高校的教师投入足够扎实的理论，还需要相关合作的企业单位的有关参编人员深度参与，如果仅仅是依靠高校单方面的编写，将校企合作共编教材仅仅停滞于松散的浅层面合作，那么就会导致最终的教材呈现出理论性知识大于实践性知识，由于企业的相关参编人员没有积极投入编写教材的过程当中，有可能会导致教材缺乏一定的企业经验和前沿信息，如此一来，就会让校级合作共编的教材又陷入了"题材新、内容旧"的怪圈当中，缺少一定的专业知识和对行业未来动态把控的相关企业经验，对于高校的会计专业大学生未来就业和深入学习作用甚微。

(四)教材内容与产业岗位需求脱节，更新不及时

校企合作教材对于教材内容方面的要求较为严格，校企合作模式下的教材编写，对于企业经验的要求，以及产业岗位的要求更为迫切。通过校企合作，将企业的相关产业岗位需求和未来就业的相关要求，有选择有重点地编写到教材当中，开发出具有一定实践价值的教材。随着我国经济的快速发展，会计领域的社会竞争也愈演愈烈，各

大企业对于本科毕业的会计专业大学生的要求也在逐年提升。针对市场的不断变化和企业的需求，高校会计专业大学生对具体的产业岗位需求和相关企业岗位颁布的招聘政策并不熟悉，尤其是在地方企业的产业岗位需求方面，较多高校的会计专业大学生呈现出脱节的状态，与企业之间联系不紧密，导致相关就业信息和招聘信息更新不及时，从而让高校大学生错过更多的就业机会。获取会计专业信息的渠道单一，学校能够提供的企业岗位招聘需求和具体招聘政策有限，且校企合作下共同编写的教材并不利于大学生进行深入学习，更新不及时的政策信息和不对位的岗位需求也在一定程度上影响了学习效果提升。

（五）教材配套资源单一，教学应用与信息化需求脱节

随着信息化时代的快速发展，越来越多的本科院校将教学实际应用与信息化的发展技术相融合，从而不断拓宽教材的配套资源，让理论知识与实际应用得到更好的结合。然而，一些本科院校的教材编写者对于信息化时代的把控程度不高。因此，所设计的教学活动也较为传统陈旧，不能够满足大学生对于快递专业信息化技术应用的发展需求。传统的会计专业教学和实践已经不能够满足当代大学生的学习需求，与信息化需求相脱节的教学应用，也不能够在最大程度上刺激学生自主学习的积极度。缺乏信息化指导的新型产业项目不仅能够体现快递专业的新技术和新内容，也难以与实际的企业运营发展产生一定的联系。部分的高校教材编写人员仍然坚持传统的教学方式，在教学内容方面较为保守，缺乏对于信息化岗位专业知识和相关个人能力的培训，导致教学运用与信息化需求脱节。

第五章　国外协同育人机制的有益经验

发达国家有诸多先进的协同育人经验，例如美国"合作教育"机制、德国"双元制"机制、英国"三明治"机制、澳大利亚"TAFE"机制以及日本"官产学"机制等。发达国家协同育人机制的有益经验为我们提供了有益的借鉴，主要体现在以下方面：政府为校企合作提供立法保障；本土化的制度与路径选择；完善的职业资格证书体系；严格的教育质量保障；多样化和终身化的改革方向；以企业需求为导向的合作模式以及完善的校企合作人才培养机制等。

第一节　国外协同育人实践

一　美国"合作教育"机制

（一）特点

在20世纪70年代，美国发起了以打破职业教育与普通教育壁垒为目标的生计教育运动，该运动强调教育应当保持与现实的结合，在实际的工作情境中获得实践技能的提升。并且实践技能的获取应当以雇主为中心，获得了雇主的成绩认定可以转化为学校学分，从雇主指出的相关课程中毕业与获得学校的学历证书同等重要。在美国的合作教育机制中，企业会将学校进行冠名，以收办学校的形式开展人才培养工作，被收办的学校将接受来自企业的资金支持，与企业保持紧密联系，为企业输送符合要求的人才。收办学校可以让企业获得人力资源支持，减少新员工培训成本，使得企业从合作教育机制中受益。美国在校企合作项目上的人才培养目标具有全面性的特点，既关注学生的专业理论能力，又强调实践技能，另外也十分注重社会能力、人际交往能力等。兼顾知识能力与个性培养的全面性人才培养目标使得学生具备专业能力的基础上，社会能力与个性也能得到相应锻炼。美国设有完整的组织架构来协调合作教育项目中各方权责，国家合作教育委员会和合作教育协会都是组织结构中的重要组成部分，并且在每所学校中都会设立合作教育部，与委员会对应。合作教育部中既包括专业教师，负责学校的课程安排等事宜，又包括一些项目协调人，负责对接外部企业和公司，安排学生的各项实习实践活动。工读轮换、半工半读、劳动实习、公余上课等都是美国合作教育机制中的实施方式，这些实施方式灵活多样，根据实际情况和学生意愿可供自由选择。理论与实践相结合，学校与企业相连接。在美国的合作教育机制中，学生每年在学校中学习理论知识的时间和到企业中实习的时间比例约为3∶1，也就是说学生有1/4的时间需要在外实习，将课堂上学习到的理论知识到实践环境中加以运用。在这样的人才培养机制下，学校教育可以和就业进行衔接，毕业之后获取工作机会将更顺利。

（二）监管

美国的校企合作经验较为丰富，除完整的组织机构外，还拥有科学的办学协议体系，体系以学生就业率为中心，深入关注合作教育机制的开展质量，维护校企合作的长期稳定健康发展。另外还建立了多元化的评价体系，以评价主体的多元化最大程度保障评价的客观性，进一步夯实了合作教育的质量保障体系。美国政府对校企合作的重视程度可以从一系列的经济鼓励政策、预算项目以及税收政策中有所体现。多种多样的资金支持手段极大缓解了校企合作的经济压力，使得合作教育在政府政策支持下顺利运行，政府凭借有效监督手段保障了教育资金的科学使用，并在立法方面和组织机构层面不断健全合作教育机制的政策保障。美国为校企合作机制配备了较为健全的法律法规保障机制，学校与企业之间的合作受美国联邦法律的保护。例如，美国的莫雷尔法案系统被视为校企合作法律框架的重要一环，在该法案系统的引导下，美国校企合作质量得到有效提升，并带来美国职业教育成果的健康发展。20世纪初的史密斯修斯法强调了职业教育的重要地位，提出州政府要大力培育职业教师，并积极促进州政府加强商业合作。此后的人力开发与培训法、职业教育法、高等教育法等，进一步明确了校企合作各主体的法定责任与义务，美国"合作教育"机制如图5-1所示。

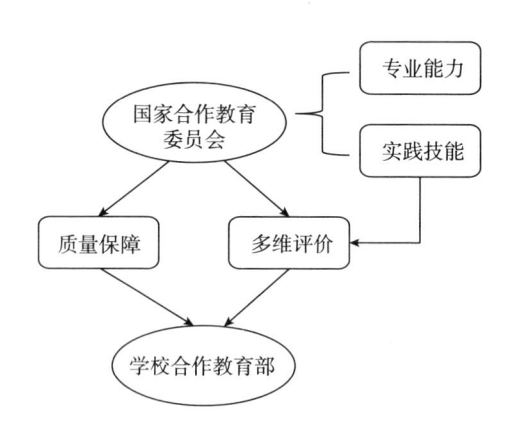

图5-1 美国"合作教育"机制

二 德国"双元制"机制

（一）特点

德国双元制起源较早，在双元制框架下，校企合作以企业为主体，高校人才培育以企业要求为中心，并且企业高度参与学校教学。学校为企业培养高素质技能型人才，具备优秀的操作能力与适应力，并具有跨领域学习能力，能够解决企业运行中出现的各项问题，优化企业人员整体质量，打造企业积极参与、学生能力得到实质性提升，再回馈到企业发展潜能激发的良性循环。在双元制模式下，学生兼具工人的身份，在完成理论学习的同时，有大量机会进入企业顶岗实习，加强对于企业生产过程的理解和实践能力，双元即企业和学校赋予学生双重的身份，保障学生在理论层面和实践技能层面学习质量均能得到提升。在教学模式方面，德国双元制执行宽进严出的学分制度，在肯定基础教学地位不动摇的前提下，加入项目教学的部分，作为重要课程。学生需要在老师的指导下，完成项目中的各项任务，并获得学分。学生的项目学分及实习学分将与学生的基础学分相结合,作为是否具有毕业资格的重要依据。德国双元制影响下,企业参与校企合作可以获得高素质人才补充,也能够提升企业利润值,提升知名度,扩大企业影响力等,为企业带来了实际利益。在利益驱动机制的影响下,德国企业积极参与校企合作项目,在人才培养目标制定、教学过程监督及评价等方面都具有较高参与度,为职业教育质量的不断提升创造条件。德国的应用科技大学为国家输送大量高素质技能型人才,在应用科技大学中,项目教学是重要的教学手段,在学校课程中占据绝对地位。学生在校期间,要选择合适项目,以灵活的时间节点完成项目及验收,教学项目的设立和验收都强调实用性,能够解决企业运行中的各项实际问题。德国企业在双元制中承担重要的资金投入比例,除资助学生实践项目外,还会资助大学在当地设立一些研究所,作为校外实训基地进行技术研发,使产学研能够实现有机结合,服务于地方经济。

(二) 监管

德国政府在保障双元制健康发展层面执行力度很强,政府十分看重职业教育体系对于国家经济复苏、维护经济增长速度的意义,将职业教育提升到国家核心竞争力的高度,由政府对双元制运行过程和成果进行监管,并设立产业合作委员会,严格审查企业参与校企合作的各项表现,从税收和财政政策方面予以奖罚,以提升职业教育质量,降低社会失业率,为国家经济实力的优化提供稳固基础。德国具有一整套的职业法律体系,双元制模式运行的各个环节均有法可依。其中,职业教育法作为基本法令,提出企业参与校企合作,培训学徒的必要性和标准。另外还颁布了青年劳动保护法、劳动促进法等,对职业教育目标和行为做出详细的法律规定,使得校企合作不仅停留在学校和企业层面,还上升到国家体制运行的高度。德国行业协会具有重要地位,所有企业、合体经营者或者法人单位都需要加入本地行会,并且在行会监督下积极参与校企合作,承担人才培养的任务。另外行业协会还会对德国企业每年提供职业培训,并对职业教育具有监督职能,德国"双元制"机制如图5-2所示。

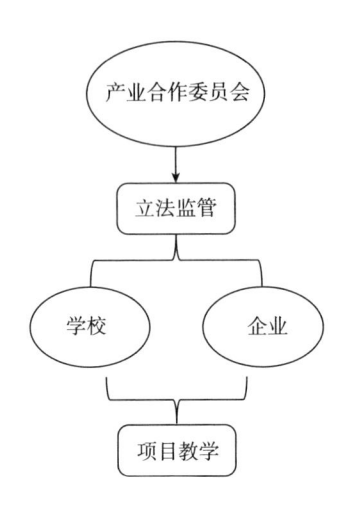

图 5-2 德国"双元制"机制

三 英国"三明治"机制

(一) 特点

英国的三明治机制可以分为两种模式。第一种是 1+2+1 或者 1+3+1 模式，学生在初中毕业后的第一年先进入企业工作，然后回到学校修完两到三年课程，再到企业工作一年，才视为完成学业。第二种则是 2+1+1 模式，除第三年外，其他时间都是在学校进修。在这个理论—实践—理论的人才培养模式下，学生的实操技能得到锻炼，将理论与实践紧密结合起来。三明治机制涉及校内学习及校外实践两个部分，英国配备了多主体的评估体系，用来全方位评估学生表现，企业、老师、学生自身都有评估的权力。在企业中，主要根据学生实习中的各项工作完成情况进行评估，老师则根据学生发展规划和进度进行评估，学生根据工作日志进行客观自评。多主体的评估体系保障了评估客观性，为职业教育运行质量提供了重要参考。英国设有教学公司，来缓解职业教育项目面临的资金压力，为全国职业教育组织提供资金支持，教学项目的成立需要企业和学校一同发出，并且要通过教学公司的审批，才能获得相应的资金支持。作为连接学校和企业的纽带，教学公司的成立帮助企业和高校构建密切的沟通机制，有助于落实校企合作的成果。英国的校企合作运行机制中具备了双向互动型的沟通机制，在英国高校中，学校设有专门部门，负责与企业进行对接，询问企业的招工计划与具体要求，并且将学校中优秀学生的相关履历和信息向企业进行推送，帮助学生与企业之间建立沟通合作的渠道，帮助学生获得实习的机会，积累工作经验。教育评估是反映教育质量的重要指标，英国职业教育机制中，将协同理念融入职业教育框架，出台了教学卓越框架，框架中建立了多维度的评估机制，不但包括学生学习成果，还对教学过程等方面建立评估指标，倡导个性化学习体验和学生发展潜力的培养，通过及时建立教学反馈等手段，对工学交替的教育模式提供了有效监管，为职业教育成果科学评估和发展提供了重要参考。建立教学与学习研究中心，强调培养学生发现问题、解决问题的能力，强调学生的学习体验，在实践中获取知识和提升能力，形成由理论到实践活动，由不断试行到经验总结的闭环模式。

（二）监管

英国政府深知职业教育质量对国家实力的影响作用，颁布了一系列政策引导学校和企业之间形成稳固的合作关系。在国家教育政策的影响下，学校对国家提出的教育方针进行贯彻实践与执行，使学校的校务管理与各项教学活动得以有序运行。英国的职业教育学院给予自身发展情况和环境确定发展战略，将人才培养任务也作为发展战略的重要一环，建立内在使命意识的激发机制，将人才培育作为学校工作人员、师生群体的共同奋斗目标和使命，提升内在凝聚力，不断提高使命意识，配合教学科研发展的实践，以使命行动计划的形式推进职业教育质量的稳步提升。英国政府为三明治机制职业教育模式出台多项政策保障，信息公开政策为学生选择学校提供了重要参考，将直接经济支持改为贷款的形式，提升学生就业积极性，并坚持教育改革，加强学生与公司间的联系，实现双赢，英国"三明治"机制如图5-3所示。

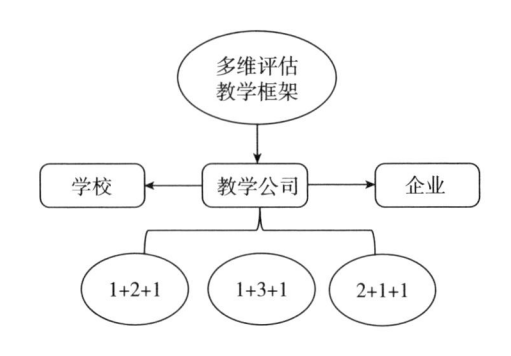

图 5-3 英国"三明治"机制

四 澳大利亚"TAFE"机制

（一）特点

澳大利亚的 TAFE 职业教育机制人才培养以需求为中心，提出职业教育具有更高的社会性，需要社会系统各要素的合作，体现了人力资本理论在市场经济中的灵活运用，在澳大利亚职业教育机制中，校企合作需要建立伙伴关系，实现学校毕业生和企业人才需求的精准对接，在行业和市场引导下，双方进行紧密合作和文化交流，通过建立共同目标平衡校企合作中的利益冲突。澳大利亚职业教育强调能力本位，要获得资格认证或者学分，学生必须掌握行业实操技能，通过对更具有实践性的课程学习，养成在不同的环境中获取知识的能力，使得人才培养能够更加符合行业需求和学生的自我发展需要。在澳大利亚就读职业课程还具有一定的灵活性，学生可以选择先进入企业获取基础技能，再回到学校继续就读。澳大利亚的 TAFE 课程由政府出资设立，由 TAFE 学院进行教育培训工作，对课程设计与教育成果评估十分看重。TAFE 提供大量的以实用性为主导的职业课程和社会课程，这些课程由教育部门和行业企业共同设计，精准定位市场技能要求，TAFE 的文凭在行业内的含金量和认可度很高。新学徒制是澳大利亚职业教育的特殊模式，在新学徒制模式下，企业发布相关公告，对学徒进行筛选和培训，签订培训协议。在培训协议领导下，政府和培训机构会帮助学生进行学习和辅导，解决学生在学习过程中遇到的各项问题，并且根据学生学习进度动态调整培训计划，使得学生获取更好的专业技能培训教育。澳大利亚成立了国家培训框架体系，以培训包为核心，确立人才培养标准，在培训包模式的引导下，各主体建立系统化合作，制订系统化的教学计划并严格实施，满足企业对于高素质人才的需求，缓解社会就业压力。澳大利亚成立了职业教育质量体系，从外部监管角度和内部监管角度，将质量体系进行联通，引导外部教育部门对职业教育成果进行评价，并且注重学生学习质量反馈，将质量评估结果进行提交上报并公布，将职业教育过程中发现的各项问题予以重视和解决，提高职业教育的质量。澳大利亚校企合作机制中，各主体的利益保障机制为学校和企业、行业提供了密切沟通交流的机会，在保障机制影响下，企业可以获得政府资助，提供资金支持技术研发和参与实习基地建设，并设置专门的工作人员为实习基地项目进行指导，探究技术升级的可能，提升市场竞争力。

（二）监管

澳大利亚的职业教育保障机制中，资格认证框架机制是重要一环。随着职业教育与普通教育的衔接，澳大利亚出台了国家资格认证框架和培训包，明确不同能力水平对应的不同级别的国家认证，以培训包作为教育与行业的桥梁，承认了职业教育与普通教育同等重要的地位，打破人们对于职业教育的歧视，促进企业、学校与各机构之间的和谐共存、互惠互利，使得职业教育能够始终围绕市场需求健康运行。在资金保障机制中，澳大利亚联邦政府采用了多样化的资金支持渠道，除了直接的资金支持之外，还鼓励其他个人或者企业以奖学金、助学金等方式参与校企合作，缓解资金压力，通过灵活的资金保障机制为职业教育平稳运行奠定了基础，澳大利亚"TAFE"机制如图5-4所示。

五 日本"官产学"机制

（一）特点

日本十分注重教育质量，具有丰富的职业教育种类和形式。丰富的职业教育形式需要有效的管理，为此，日本采用的是中央和地方两级管理机构，分别由厚生劳动省和地方劳动、教育部门作为主管部门，在两级管理机构模式下成立了多部门决策的形式，共同进行对于

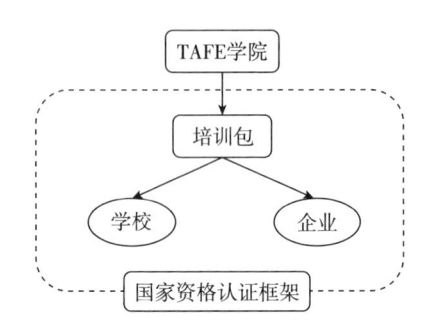

图 5-4　澳大利亚"TAFE"机制

校企合作事宜的各项决策活动。日本的官产学模式以政府为主导，提出科技驱动型成长战略，并举行四期科研计划，优化研究机构硬件设施，提升了国家科技整体实力。成立 CSTP 作为领导机构负责制定官产学机制的根本方案，在 CSTP 的组织下，各项官产学机制会议开展，推进科学技术的研究进度，加快科研成果的普及和应用。日本的官产学机制是日本科技立国政策的重要组成部分，在日本政府的引导下，加强产业与学校之间的沟通合作，利用学校的科研实力和企业的经济实力，不断进行科技研发，加快新产品问世。在官产学机制下，基础研究与技术开发相辅相成，并积极开展国际交流，不断提升日本制造在国际市场上的竞争力。日本在企业办学、企业访学模式方面经验突出，企业出于构建优秀人才储备的实际需求，积极参与校企合作，提升公司的核心竞争力。日本政府对企业访学也提供大量的政策支持。在企业的参与下，学生在入校前可以短时间进入企业实习，学习过程中也有大量的实习任务，这种教育模式能够帮助学生建立理论学习与实践的闭环，有助于提升学生的综合能力与专业素养。日本的职业教育具有灵活性，根据学生生源不同可以划分不同的教育阶段进行学习，并坚持开发职业资格互认框架，以扩大学校生源规模。日本推出实习并用职业训练制度，将理论学习与实践技能演练结合起来，是具有灵活性的创新人才培养模式。日本企业大多数都设有教育部门，负责为本企业员工提供健全的培训教育服务，日本企业非常重视员工培训，这也是实习并用职业训练制度的升级转型。企业内职业教育也是校企合作模式的一种,通过自办学校或者联合办学的方式保障内部职业教育质量,提升员工整体素质。日本为国家职业教育健康运行和稳定发展配备了较为健全的法律政策体系,其中,教育基本法和劳动基准法是日本职业教育领域颁布的两部根本大法。在这两部法律中,职业教育的地位获得日本国家法律层面的肯定。另外,还有产业教育振兴法、社会教育法等其他法律条款,从法律角度加强校企合作主体的责任感,明确了校企合作的各项责任和义务,并引导教育部门和行业积极进行沟通合作。公办职业教育学校的经费都由日本政府统一拨付,并且为学生提供免学费待遇。甚至对一些经济困难的学生,政府还会发放生活补助。对于失业人群、残疾人等弱势群体,日本政府设立专门资金扶持项目,帮助弱势群体接受职业培训。

(二)监管

日本职业教育质量保障机制还包括了科学的教育质量保障及评价体系,从教学目标和教学过程层面建立完善的评价指标,在各项指标引导下建立互动性、灵活性、实用性的职业教育模式。在质量评价保障体系中,内部评价和外部评价都是职业教育成果评价的重要指标,评价主体既有学校自身,又有政府和第三方机构,保障了职业教育成果评价的客观性和公平性,日本"官产学"机制如图5-5所示。

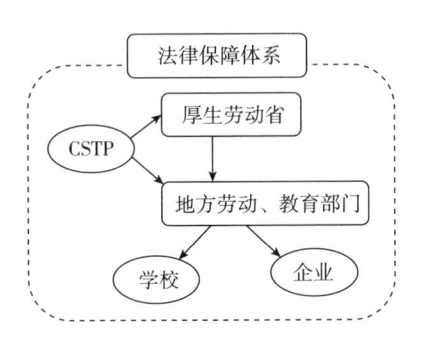

图5-5 日本"官产学"机制

综上所述,德国双元制是会计专业职业能力培养的主要途径和教育模式。在德国双元制模式中,教育机构和企业各有分工,学生在学校完成文化知识的学习，然后以学徒的身份进入企业中培养实践能力。双元制模式将教育机构和企业的优势资源最大化利用，成为世界职业能力培养的典范。在人才培养目标方面，双元制强调职业能力本位，要求学生通过理论学习和实践技能演练，实现自身理论基础和实践能力的提升，通过关键能力的塑造，实现自我发展。在课程体系方面，双元制围绕着职业活动展开一系列课程建设，根据岗位要求进行所需能力的分析，再将分析结果运用到专业设置上。此外，德国在推行双元制的过程中，还十分注重双师型教师队伍的建设，提升教师的执教能力。美国和加拿大在会计专业职业能力培养过程中采用的是CBE模式，它以打造学生的综合能力为核心，提升学生对于会计岗位的胜任度。在该模式中，会计专业人才培养由行业协会、企业和学校共同参与，进行人才培养体系的设计和人才培养方案的制订。在多主体合作的模式下，CBE人才培养模式能够保持人才培养与市场需求的匹配度。从人才培养理念来看，CBE模式强调学生综合素质的打造，涵盖了专业知识技能与情感态度的范畴，将创新能力、学习能力、语言表达能力的塑造作为人才培养方案的必要内容。在课程上通过DA-CUM能力分解表，基于学生的学习特点进行教学内容的设计，学生作为学习主体的地位，激发学生学习的主观能动性。BTEC模式是英国会计人才培养的重要模式，以工学交替的形式进行学生专业技能和理论知识的培育。在BTEC模式中，学生要加强通用能力和专业能力的打造，并且要建立终身学习的理念。从课程体系看，BTEC模式倡导由理论到实际，再由实际回归理论的"三明治"思维，突出课程体系的灵活性，以学科的综合性来代替传统的固有知识结构。从实践教学模式上看，BTEC模式要求学生第一年在企业进行学习，对工作内容建立初步认识。第二年回到学校将所实践知识与理论相结合。第三年再进入企业实习，使得理论与实践的结合能够更加紧密。工学交替的模式帮助学生打下坚实的理论基础，并且实现理论基础与实践能力的有效提升。

第二节　国外协同育人机制的经验借鉴

一　国外会计专业职业能力培养模式的特征

（一）国外会计专业职业能力培养模式的相同点

国外发达国家在进行会计专业职业能力培养时，都对学生作为学习主体的地位给予充分尊重，体现了以"生"为本的思想。根据学生的学习特点及习惯等开展教学设计，充分发挥学生在学习过程中的主观能动性，使学生具备胜任会计工作岗位的职业能力和个人综合素质。强调职业能力为本位的思想，不仅需要学生具备扎实的专业能力，还需要培养个人的核心竞争力。另外，在实践能力培养方面，都体现了理论与实践相结合的思想，并且积极引入企业在培养学生实践能力方面的独特优势[①]。

1. 明确会计人才培养的方向

在本科院校会计专业人才培养过程中，学校要积极和企业、行业进行联通，充分接受来自企业、行业中最新的人才需求，将本科院校会计专业的人才培养与市场需求紧密相连，提升毕业生与市场需求的匹配度。同时还要打造灵活化的人才培养方案，及时根据市场导向调整教育方案，充分调动优势资源进行人才培养工作，使本科院校会计专业人才始终与市场需求相吻合、与行业发展趋势相对应。

2. 科学、系统地开发会计课程

从会计专业课程看，要摒弃以学科知识为中心的传统思想，突出教学内容的适用性。另外还要通过强化学科之间的逻辑关系，开发符合学生发展规律的课程体系。根据会计岗位要求和特点，在课程体系设计的过程中要从实际出发，帮助学生适应学校到工作岗位的转变。

3. 重视职业能力的培养，提高学生综合素质

本科学段会计专业人才培养要着重提升学生的职业能力和综合素

[①] 李聪：《职业能力视角下高职英语教学优化策略探究》，《英语广场》2022年第1期。

质，以学生为中心，充分发挥学生作为学习主体的积极性，立足于岗位实际，培养能够适应社会发展和市场需求的技能型创新人才。

（二）国外会计专业职业能力培养模式的不同点

国外会计专业职业能力培养模式的不同点主要体现在课程模式、培养方式和评价方法等方面。从课程模式上看，双元制以工作过程为导向，进行课程的编制。CBE模式的课程设计灵感来自于对学生综合能力的分析。BTEC模式则以能力本位为原则进行课程开发。从培养方式来看，双元制强调企业和行业在人才培养方面的重要地位，学校作为辅助角色进行参与，CBE模式强调学生为主，学校和教师承担辅助功能；在BTEC模式中，更看重讲授、辅导和研讨的结合。评价方法方面，双元制的培训和考核互相独立。CBE模式制定了全面的评价标准，并且引入了学生自评的重要指标。在BTEC模式中，评价指标则更加注重学生综合能力评分，对学生素质情况进行评价。

二 国外会计专业职业能力培养模式经验启示

相比于其他发达国家，我国的产教融合起步较晚，比较缺乏成熟专业的产教融合推行经验与教学资源，如何贯彻落实产教融合成果还需进一步深化。当前我国产教融合的相关政策还有待完善，总结国外会计专业职业能力培养模式经验如表5-1所示。

表5-1　　　　国外会计专业职业能力培养模式经验

政府为校企合作提供立法保障	（1）立法结构多元化 （2）立法内容全面化 （3）立法制定现代化
本土化的制度与路径选择	（1）构建独立管理部门，促使校企合作规范化 （2）设立动态监督平台，加深校企合作力度
完善的职业资格证书体系	（1）通过培训评价组织，培养应用型人才 （2）开发职业技能等级证书 （3）将证书试点制度融入校企合作机制
严格的教育质量保障	（1）认真落实常规教学体系检验 （2）重视专业课程日常考核检测 （3）强化毕业班次校企合作实践

续表

多样化和终身化的改革方向	（1）教育的多样化发展趋势 （2）教育的终身化改革走向 （3）教育的社会化呈现方式
以企业需求为导向的合作模式	（1）校企互动合作模式 （2）订单式培养模式 （3）企业牵头培养模式
完善的校企合作人才培养机制	（1）管理机制 （2）运行机制 （3）监督反馈机制

（一）政府为校企合作提供立法保障

校企合作的存在是为了实现学校与企业之间互惠互利的双赢局面，为了使校企合作在运行期间得到各自应有的利益保障，以政府为主导构建立法机制就显得尤为重要，立法保障可以有效地调动校企双方合作共赢的积极性和主动性。

1. 立法结构多元化

目前，虽然我国针对校企合作已经出台了相关的单项法规，但随着社会企业对人才供需要求的不断上升，校企合作在运作期间不断出现各种亟待解决的新问题。单项法规作为校企合作的后援保障，其法规制定的单一性已无法全面覆盖当代发展中的所有问题，因此，在建立校企合作立法制度时，应通过充分听取校企双方的利益诉求，并在尊重校企双方主体地位的前提下，由政府牵头，邀请校企双方加入立法共建，在多方主体共同参与协商的过程中，根据不同情况制定多元化的政策法规，使立法保障能够在校企合作中公平、公正地维护多个主体的共同利益，发挥其应有的保障作用。

2. 立法内容全面化

校企合作立法内容相较于普通教育立法具有一定的差异性。针对校企合作本身的专业特征及实践性特征提出了较为全面化的立法要求，要求其操作性应具有全面的针对性与适用性。制定校企之间的合作立法，应该明确普通教育与校企合作办学的不同差异，在对二者性质进行不同区分的同时，应充分结合社会发展的实际需要，使立法内容涉及校企合作关系中的方方面面。校企合作双方在进行课程资源整合、课程标准制定、师资队伍编制、课外实践等工作时，应对院校、企业与学生之间的权利义务进行明确的划分，在具体的立法内容中明确指出针对不同状况的具体奖罚细节限定，对于超出限定标准的行为要予以严厉惩罚。另外，针对校企合作办学资金应推出相应的资金管理办法，并对资金的使用情况进行严格的监控，避免合作资金出现流向不明等状况。

3. 立法制定现代化

立法一定要紧跟时代步伐，才能使其发挥出最大效用。目前，我国的职业教育主要是以提升学生就业率为主，通常情况下都是由院校出面与企业商定实践课程，很少有企业主动参与校企合作。法规政策的制定应该本着激励企业主动参与校企合作的基本原则，在政策制定时应充分遵循现代社会企业经济发展需求，加大对企业优惠政策的倾斜力度，促使企业主动参与校企合作，将现代化发展理念融入校企合作的实践过程中。

（二）本土化的制度与路径选择

在教育体系下推进校企合作不仅是促进校企间的合作共赢，对我国未来经济发展起着长远的影响作用。因此，我国政府应充分发挥引导作用，借鉴国外先进经验，加强对校企合作本土化保障机制的建设。

1. 构建独立管理部门，促使校企合作规范化

虽然我国已经成立了职业与成人教育司，但是对于教育管理的组织部门却存在着严重分化现象，对职业院校的管理缺少自主权。由于地方缺乏独立的职业教育管理机构，以致无法形成独立办学的体制，因此，需要政府尽快加强对独立管理体系的建设，促使校企合作加快规范化进程。除了中央高校的管理部门之外，政府还应当在各省、市区域设立独立的管理部门，主要负责高校与职业院校校企合作政策制定与日常监督管理工作，并对符合参与校企合作条件的企业进行详细的筛选，制定相关企业政策性扶助条款，激发企业主动产生与院校合作的意愿。建立需求竞争制度，通过引入不同类型的企业，如国内外

大型优质企业、注册商标企业、外商投资企业等拓宽校企合作渠道，推行相应的政策，对需要合作的学校给予适当的资金支持，鼓励院校不断提升自身教育产品的价值。

2. 设立动态监督平台，加深校企合作力度

教育院校肩负着为国家培养优质人才的重要使命，对社会企业乃至整个国家发展都起着重要的推助作用。政府应充分发挥出牵头作用，在加快构建独立管理部门的同时，尽快设立与完善动态监督平台，严格把控校企合作的运作流程，使其作用能够真正落到实处。在校企达成合作关系前，政府应通过独立管理部门对参加合作的各个组织进行严密的资质鉴定，并针对拥有优质资源的大型机构组织给予政策优惠支持，对发展潜力较大的中小型机构组织给予资金援助。在校企合作进行时，政府应组织院校与企业的职业专家队伍，共同参与对教学课程体系以及校外实训课程的标准评估，从多方面入手评定课程设定是否符合现阶段多方发展需求，针对学生的学习与实训状况进行整体成效评估。

（三）完善的职业资格证书体系

发达国家近年来在职业技能资格体系中的制度运用，为我国教育行业发展提供了重要的经验借鉴。为了规范我国职业教育证书框架运行系统，需要尽快建立与完善资格证书体系，加强资格证书的实效性体现，坚持将学历证书与多种技能证书进行有效结合，全面促进教育质量的飞速提升。

1. 通过培训评价组织，培养应用型人才

培训评价组织主要负责院校的课程建设、资源内容开发、资格考点建设、资格证书颁发以及协同校企开展相关证书培训。面向社会中具有较高知名度和较强影响力的社会评估机构大力推行社会公开机制参与试点，通过考核方式以及考核成果确定适合开展专业技术职业资格的考核机构，并将社会评价机构培育和发展状况一并纳入试点范围。加强重视培训人员的专业技能强化，在结合社会、市场与培训人员需求的前提下，为培训人员提供自主选择证书考试类别与等级的权

利，并针对人员考核需求进行相关培训①。最后，高校要加强对进入院校内部的各类资格证书质量保障机制的管控，防止乱发证书的现象发生，对学生合法权益起到有益的保护作用。

2. 开发职业技能等级证书

职业技能资格证书的评级标准应重点参考考证人员的实际能力，现行的考核制度调整应充分借鉴国内外发达国家的先进标准，在传统技术标准之上，开发有关职业技能的新型标准，并要求相关职业技能的评级必须符合国家发展新型标准化要求。依托国家标准化工作要求，做好职业教育培训标准化工作顶层设计，创新标准建设机制，引导职业院校和培训机构开展标准化工作，探索建立职业院校和培训机构的等级标准和评价体系，制定符合社会发展要求的职业技能等级标准和证书。

3. 将证书试点制度融入校企合作机制

试点院校应该按照职业技术资格评定标准以及教学课程设置体系，将资格证书培训内容有机融入校企合作机制中，通过1+X证书试点模式，优化教学大纲，深化改革创新校企合作机制的灵活性与针对性。近年来，我国根据社会发展需要启动了1+X证书试点工作，该工作模式可以有效地促进"三教"改革，对进一步推进校企合作也起到了非常重要的深化作用。将证书体系与现代化专业课程建设进行紧密结合，深化教学方式、内容与师资建设等多方面的改革，深度促进校企合作，为提高学生综合素质与就业能力提供强有力的后援保障②。

（四）严格的教育质量保障

1. 认真落实常规教学体系检验

注重实际，全面落实常规教学体系管理，才能使我国素质教育质量得以整体提升。在落实常规教学体系时，我们应该采取教学团队内部互查机制，通过对教师教学资格的深入量化排查，严格监管教师从

---

① 王云凤：《1+X证书制度背景下本科职业教育实施书证融通的实践探索》，《中国职业技术教育》2021年第32期。
② 刘飞：《眼视光专业"1+X"证书人才培养制度的思考与实践》，《中国眼镜科技杂志》2022年第2期。

备课到教学以及教学结果检验的整个过程。

2. 重视专业课程日常考核检测

日常考核是对学生学习结果的反馈，能直接地反映出学生在经历阶段性学习后对专业课知识的掌握程度。通过日常考核结果，院校可以更充分地了解到现阶段学生对于专业知识的掌握程度，并且能够依据考核结果对于学生学习中的薄弱环节做出及时的课程补充。构建公平、公正的考核制度与环境，确保学生考核结果的真实性。

3. 强化毕业班次校企合作实践

为了解决专业人才培养偏离社会企业需求的问题，院校应与企业加强对毕业班次学生实践课程的深化改革。通过召开校企合作讨论会，依据企业需求为导向，制定更贴合企业运行流程的实践项目，改善传统教学"重理论，轻实践"的弊端，让毕业班次的学生能提前接触到企业内部环境，在亲身经历与体验的过程中，实现校企合作机制的多元化发展。通过激发学生自主创新能力以及实际动手能力，便于学生进入企业工作时能够进行无缝对接，使理论知识运用得更加得心应手。

（五）多样化和终身化的改革方向

1. 教育的多样化发展趋势

随着社会发展对职业人才需求的不断上升，教育行业也应该尽快顺应时代发展趋势，不断深化与改革传统教学方式与创新教学内容，才能同时满足社会的多元化需求。在针对具有不同专长的学生发展路径选择上，需要对教育体系进行多层次的综合考虑，具体反映在以下几个方面。一是教育类别和层次多样化。通常情况下，教育的类别主要分为专业型和应用型两种，传统教育中专业型教育比例较大，特别是在各大高校不断扩大招收范围后，应用型职业教育院校逐渐呈现出滑坡趋势。从目前我国发展行情来看，应用型人才占据市场劳动力需求的大部分比重，因此，高职教育也应该依照教育层次进行明确的细分，通过对高、中、低等教育进行过渡性层次区分，凸显专业教育与职业教育的不同类别与特点。可以通过非正规教育以及非正式教育等不同形式共同发展。通过发挥各种形式的功能优势，合力促进受教者的全面发展。二是教育结构和特色多样化。由于中国的区域差别较大，不同地区的企业经济发展特点也各不相同，因此，办学结构与校园特色也存在着一定的差异性。教育结构的制定应该在结合自身经济发展特点的前提下，不断调整与完善自身教育结构。

2. 教育的终身化改革走向

终身教育思想最早提出于20世纪六七十年代，是联合国发表的一份关于人类未来发展的报告。而受时代科技发展影响，终身教育思想内涵也逐渐产生了改变。科技的振兴为我国经济发展提供了前所未有的发展契机，但科技力量也是一把双刃剑，在推动我国经济发展时，也为社会带来更多新的问题，想要解决这些问题就必须依靠教育终身化。

3. 教育的社会化呈现方式

随着科技与经济的不断发展，使知识转换的周期正在逐渐缩短，教育已经不局限于传统课本教育，而是更多地融入了社会元素。因此教育应该加强与社会的沟通，大力推行校企合作，颠覆传统办学体制改革，使社会文化成为教育体系的一部分。推行社会化教学制度，可以让学生从传统课本知识的束缚中解脱出来，通过教育让学生提前接触社会，了解社会，融入社会。

（六）以企业需求为导向的合作模式

1. 校企互动合作模式

在校企合作体系建设时，院校应坚持以企业需求为导向。在合作目标的选择方面，要注重合作主体的发展方向是否与专业对口，尤其是针对一些特色职业院校，对教学大纲、课程设定以及课外实训的规划必须依照企业所提出的岗位标准作为主要参考。在制定教育模式时，要积极邀请企业专业人员参与互动。通过校企间双向人才共育的培训方式，将学生的专业理论知识、实际操作能力与企业岗位需求进行有机的结合，可以为学生未来的岗位选择提供有益的借鉴。

2. 订单式培养模式

订单式培养模式是指校企之间先通过达成协议，后专门为企业实施定向人才施教的一种合作模式。针对特定阶段的发展需要提出相关的人才需求标准,并与院校共商岗位需求的具体培育结构要求。院校在企业达成共同培养计划后,对学生进行有针对性的定向培养计划,在学生毕业后可直接进入企业参加工作。由于这种培养模式能使专业与企业发展状况相匹配,学生的专业知识与综合能力更符合企业发展需求。

3. 企业牵头培养模式

企业牵头培养模式是一种以企业为主导的教学模式,这种模式实际上也是订单式培养模式的一种。不同的是,订单式培养模式是由企业提出要求,学校根据企业需要负责对学生进行教育培养。而企业牵头培养模式是在订单式培养模式的基础上,由企业指派资深的专业人士兼职进入学校,与学校共同参与学生培养过程。通过开设专业课程、现场讲座等方式,将企业的特色历史文化带入学校课堂,使学生摆脱传统课堂乏味的学习氛围,调动学生的学习积极性。

(七)完善的校企合作人才培养机制

1. 管理机制

建立校企合作管理模式的本质是为了凸显校企融合对于教育的有效性。对于企业来说,与学校建立合作模式,不仅是为国家培养高质量专业人才,更多体现的是企业面向社会的责任担当。校企合作可以有效丰富企业文化内涵,让更多的学生认识与了解企业特色文化,也是间接地提升了企业的软实力。通过建立管理机制,一方面可以促使企业经济效益的提升;另一方面亦可以让学校立足于社会效益。虽然二者对于利益的追求有所差别,但却有着共同培养人才的需求。企业的可持续发展必须依托优秀的人才储备力量,因此完善校企合作管理机制,才能为扩大人力资源队伍的培训打下良好的基础。

2. 运行机制

建立校企合作运行机制是建立校企合作的良好运行基础。要推动运行机制顺利进行,校企合作主体应充分肩负起自身的责任,发挥出主体的统筹职能。在依托经济发展与人才市场需求为导向的前提下,通过强有力的法律政策保障,为校企合作搭建共同利益需求平台。企业应该充分洞察市场发展走向,并通过整合市场资源,为教育课程内容设置提供符合市场发展需要的教育素材，只有使教育课程内容与社会实际发展需要进行有效对接，才能使校企合作机制运行的最终利益成效得以最大化体现。学校应该在校企合作关系中发挥出自身主动性，寻求外部优质资源力量，拓展教育设施资源，为学生创造有利的学习环境。

3. 监督反馈机制

监督反馈机制可以有效促进校企合作机制的良性运作，通过多方监督与共同参与管理，能够将各个主体的责任落到实处，充分保障各个主体的相关权益。企业可以依据合作协议，通过监督学生实训情况，将实习结果及时反馈给学校，学校也可根据反馈数据对学生课程知识的掌握程度做出准确的判断，对于实习结果不理想的学员可以给予及时的纠正与帮助。校企合作是一项多方共同参与的合作模式，必须建立规范化的监督反馈机制，才能使多方参与者及时得到动态信息反馈。另外，还应在监督反馈基础上建立问责制度，以此来明确各个主体在校企合作过程中的权力责任，杜绝损害其他参与主体合法权益的现象发生。

第六章　基于协同育人的会计专业
　　　　人才培养优化路径

通过分析应用型本科高校会计专业人才培养存在的问题，借鉴发达国家协同育人机制的有益经验，提出基于协同育人的会计专业人才培养优化路径，构建校企共赢的动态机制，提升人才培养质量，共建产教融合教学平台，拓宽会计专业产教融合渠道，推动校企课程衔接，形成课程创新模式，创建以职业能力为核心的教学体系，以及拓展产教融合校企合作教材开发等。

第一节　构建校企共赢的动态机制

目前，学校与企业之间缺乏合作积极性，主要是因为校企共同发展的动态机制缺失。校企合作动态机制的关键点在于如何在最大程度上同时满足学校与企业的利益追求，通过深入剖析校企协同发展中存在的突出问题，创新校企共赢动态机制，有利于协调校企间的利益关系，实现协同发展。政府要对会计专业建设和企业产业转型给予统筹规划，重点关注学校与企业区域发展，通过充分利用市场合作、产业分工，将会计专业充分融入新型城市化发展建设，形成动态稳定、互惠互利的校企合作机制，促进会计专业与企业紧密联合推进，为企业转型升级奠定良好的基础。本科院校要转变办学思路，将产教融合纳入院校发展规划。将产教融合师资队伍建设与企业现代化管理进行有机衔接。校企合作应加强对产教融合的参与程度，扩展产教融合的形式与途径，以合作经营机制作为依托，形成以政府为主导、校企共同积极参与，全面提升人才培养质量，实现校企共赢的动态机制，如图 6-1 所示。

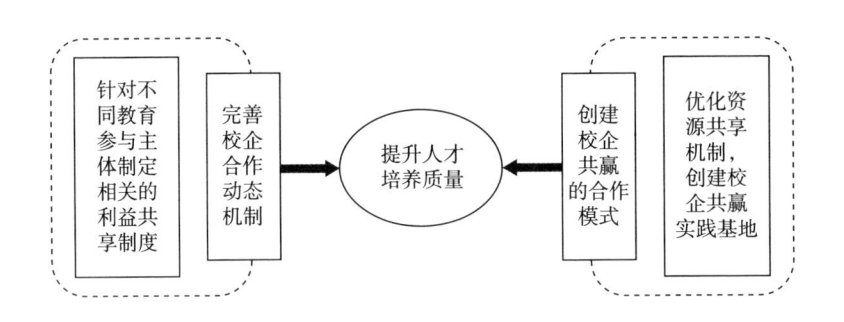

图 6-1 构建校企共赢的动态机制

一 完善校企合作动态机制

（一）针对不同教育参与主体制定相关的利益共享制度

1. 综合考虑制定满足各个主体利益诉求的利益共享机制

近年来，随着我国经济建设步伐不断加快，并不断出台相关经济建设发展政策，在这些经济建设发展政策的发行与推进过程中，国家还对相关政策的时效性提出了较高要求，以保持会计行业的相关政策与经济大环境的发展方向相顺应，但我国产教融合政策却没有与会计政策的更新进度保持一致，这种脱节现象延缓了与产业融合的进度与深度。在校企合作中，不同类型的企业对开展合作办学也有着不同的利益需求。一般情况下，国有企业相较其他外资、合资、民营企业有着更雄厚的资金与技术资源优势，所以，这类企业通常不会太在意与院校开展合作教育，更多注重的是与院校科研机构达成合作关系，利用院校先进的科研创新技术，研发新型产品为企业带来持久的盈利效应。相比这些大型企业，中小型企业由于处于发展阶段，资金、人力方面会相对薄弱，往往对校企合作需求更为强烈。因此，院校应该重点加强与中小型企业的合作力度，积极主动地联系企业进行沟通，主动融入企业一线，通过了解企业运行流程，以企业需求为基础为其提供科研技术支持与发展建议，切实提高企业竞争能力，增强企业合作意识，构建校企间的共赢合作关系。通过区分学校、企业与各个行业机构不同的目标追求，制定满足各个主体利益诉求的利益共享机制，激发协同各方积极主动参与会计人才培养，共建产教融合教学平台，拓宽会计专业产教融合渠道。

2. 整合运用校企优势资源提升人才培养质量

校企合作的根本在于互惠互利、协作共赢动态机制的建立，以达成校企共赢的合作机制为行动目标，不断整合资源，实现会计专业人才培养质量的提升。在我国的产教融合相关政策中，产教融合整体计划的不完善影响着地方应用型高校会计专业教学大纲制定和教学成果，在绩效评比考核奖惩部分也缺少明确的约束性政策，各部门责任分工不够明确，容易产生互相推诿、工作效率低下的现象，急需建立相应的分工机制，加快各部门责任意识建设，提升部门工作效率，优化产教融合效果。有效开展校企合作，提升会计专业人才整体素质，需要本科院校加快教学改革进程，优化办学质量。为此，要打通会计专业与电商发展、信息技术、互联网等领域之间的壁垒，实现会计专业和电商发展、区域经济建设的协调统一，共同作用于会计专业的人才培养。通过为企业输送优秀人才，服务于地区社会经济的整体发展。高校和企业之间需要保持良好的沟通，在教学资源的及时更新、人才培养方案的及时调整和人才评价机制的完善等方面积极开展合作，提升人才培养过程中各项举措的可操作性，把巩固学生的理论知识基础和培养实践能力作为人才培养的根本任务，通过学校和企业优势资源的整合运用，充分调动学生学习的积极性，保障教学效果和教学质量，提升会计专业的人才培养质量[①]。

（二）不断推进校企协作育人进程，提升应用型本科高校会计专业学生的综合素质

1. 优化人才培养方案的能力要求

在拟定会计专业学生能力结构和培养方案时，需要立足于院校办

---

① 彭翠珍：《人工智能环境下会计人才培养路径探究——以应用型本科高校为例》，《时代经贸》2019年第29期。

学实际，深入了解学生状态，提高会计专业学生在专业能力和社会责任、职业道德方面的综合表现，不断深化教学体制改革，突出会计专业教学的实用性和时效性，让学生学有所用。通过完善的人才培养模式，培养工匠精神、爱岗敬业的职业品格，提升专业技能水平，适应岗位发展需要。在本科院校会计专业人才培养过程中，应该把理论与实践、做人与做事有机结合起来，作为坚实的人力基础，为人才综合能力的发展和人才培养工作夯实根基。加快课程改革，将通识类课程和专业课程体系进行深度融合，发掘两个课程体系的共通点，并不断探索创新教学模式，突破传统教学思维的限制，真正做到优化内涵建设和教学质量，提升本科院校会计专业人才综合素质。同时还要明确课程目标和课程具体要求，在通识类课程中，将世界发展历史和未来趋势、社会经济的发展规律教给学生，带领学生建立正确的世界观，并逐步培养端正的价值观，塑造学生分析问题的能力和思考判断能力，并引导学生建立责任意识、工匠意识和吃苦耐劳的美好品质。在专业课程体系中，根据专业发展方向拟定学生职业发展初步规划，为学生提供岗位培养方向性指引，并引入灵活的教学体系和多元化评价手段，优化学生专业能力培养教学资源，提升专业课程教育质量和实践教学的一体化程度，为学生提供丰富的实践教育资源，缓解就业矛盾和市场供需失衡现象[①]。由于外部会计环境的变化，传统会计的工作方式已经不能适应时代发展需要，以传统方式对会计专业学生进行培养，必然无法精准适应市场和企业的要求，为学生带来就业压力，也不利于企业的人才培养。因此，会计专业人才培养需要紧跟时代变化，及时由传统技能训练为主向现代化技能技术建设培养和综合素质培养转变，突破传统会计教学思维，打造全新会计专业实践教学目标。将信息化要素融入会计专业人才培养过程中，并且除了基础技能外，还要加入工匠精神、爱岗敬业、职业道德等意识内容，丰富学生的精神世界，帮助学生养成良好的职业习惯，既具备专业应用能力，

---

① 薛苗苗：《基于应用型人才培养的建筑史课程教学改革探析》，《大观（论坛）》2021年第12期。

运用专业会计知识解决实际财务问题,在工作过程中秉承认真负责的态度和谨慎细致的品质,为企业带来经济效益。

2. 提升人才培养方案的社会辐射效应

随着社会经济的发展,人才培养方案的制定不能仅限于传统的教学大纲,而是需要院校、企业等进行广泛的沟通交流,通过深度挖掘各自内部优秀资源,打破传统教学大纲的界限,共同研究制定出一套能够满足各个组织共性需求的教学体制。在课程体系设置方面,将人才培养目标和与区域经济发展相适应的人才需求融入课程体系的设置中,加快课程体系科学性、合理性和实用性教育,不断扩充通识教育和选修课程体系的范围,培养学生的跨界思维能力,并坚持以专业课程为核心,打造厚基础、能创新的人才培养体系。积极深化产学研一体化程度,加强教学与科研的沟通对接,将改革实践教学课程体系和教学模式放在本科院校会计专业建设的重点工作内容中。立足专业建设实际和教育经验,为学生制定培养方向规划建议,为就业学生提供良好的实践教育条件,将所学的理论知识运用到实践过程中去,以校企合作为契机,学习培养发现问题、解决问题的能力,实现自身素质能力的优化提升[1]。在制定培养方案前,应详细考察市场中的需求状况,通过对市场需求全面、深入的了解与分析,重新对培养目标进行准确的定位,制定更科学化、更符合市场发展的培养体系与方法,将共同考虑的因素有机地结合起来,通过创新实训教学提升会计人才的综合能力,形成以复合型、应用型、创新型、国际化人才为导向的教学培训模式。加大与科研机构的合作力度,通过构建专业的学术平台,创新人才培养方法,提升学生的理论知识与实操技能[2]。

(三)整合资源,打造立体化教学体系,保障会计专业教学质量

在社会经济不断发展的今天,科技的突飞猛进导致社会对于应用型人才的需求越来越大,传统教学体系已经无法满足社会发展需

---

[1] 马红平:《基于信息技术构建初中物理高效课堂》,《新智慧》2021年第27期。
[2] 马丽莹、俞奥博、杨墨涵:《应用型本科国际化会计人才培养的困境与出路》,《现代审计与会计》2021年第8期。

求，因此，院校应该尽快改善传统封闭式教学的弊端，在充分了解社会经济发展走向的前提下，将企业需求作为培养专业人才的首要方向，重点围绕企业发展需求完成教育课程体系重建。除了让教育者主动走入企业外，还可以聘请企业内部专业人员进入院校，以开展专业知识讲座、直播互动等方式，将富含特色的企业文化融入课程体系中，加强学生与企业间的沟通，让学生能够充分了解特色企业文化，并在潜移默化中调动起学生对于企业发展与运作流程的兴趣。使校企合作发挥出真正作用，为企业乃至社会经济做出应有的贡献，就得依据社会经济发展需要完成对校企合作的全面转型。要把企业需求放在首位，并邀请企业进行全程参与。合作双方通过资源共享完成校企双方的劣势互补，提高企业的软实力，让企业了解产教融合能为企业带来怎样的发展优势，在调动了企业合作积极性的同时，也为学生提供最优质的实训环境，使校企合作真正地落到实处。传统教学体系应从层次、内容、方式方面进行创新升级，发挥高校和企业的优势资源，积极进行资源整合。引导学生学习会计的基本操作技能以及成本核算、税务、审计报账等实践技能。借助互联网实践平台的仿真操作功能，加上顶岗实践的全真体验，夯实学生的基础实践能力，借助云平台和企业硬件资源，进行真账演练和跟岗、顶岗，通过全真的操作，让学生体验会计工作的真实环境，锻炼学生的岗位实操能力，通过知识竞赛和创意实践活动，深化学生专业知识，培养学生的创新能力[1]。运用现代化科学技术和信息手段构建教学资源库，通过网络教学课程资源系统管理等丰富教师在课上运用的相关素材，以便于学生在课后积极复习。构建教师课堂案例分析以及相关教学设计和网络课程资源，将企业的相关调研成果和学校的科研项目纳入专业资源栏目，通过教学内容的延伸和相关课程学习，提高整体资源库的针对性和更新速度。通过聘请会计专业的相关金融专家以及企业的相关评估人员，对资源库进行合理的完善和

---

[1] 李海涛：《基于职业素养提升的职业学校专业社团活动模式研究——以投资理财社为例》，《河北职业教育》2022 年第 6 期。

更改，优化学习效果①。

二 创建校企共赢的合作模式

（一）优化资源共享机制，提升实践教学水平

在实际的会计教学中，普遍存在重理论、轻实践的现象，对于教育的深度与广度都存在着欠缺，使校企合作流于表面形式，无法使会计理论知识与实务融会贯通，未能发挥出其应有的培养效果。对于企业来说，会计岗位本身就涉及企业内部商业机密，企业安排实习岗位通常都会避重就轻，导致可实习岗位的严重缺乏。产教融合模式的实行，虽然可以使人才的实践能力与就业能力得到完全的提升，但却很难为企业带来实质性的利润增收，因此，大部分企业没有主动参与校企合作的意愿。校企合作共同创建实践基地，一方面可以让学生通过教学内容进行巩固，真实地接触企业的各项业务，全方位地体验企业业务核算与管理办法等流程，让学生可以在真实的工作情景下，与企业员工进行零距离沟通与交流，帮助其对业务流程进行熟练化处理，提高人才实际解决问题的能力。另一方面，学生在熟练掌握了业务流程后，在进入企业参加工作时可以与岗位无缝对接，零距离就业上岗，这样也为企业节省了新人培训的时间及成本，为企业创造利益。通过深化校企之间的合作，构建资源互通的校企合作平台，形成产教融合长期发展机制，使会计人才能够快速适应社会发展需求，以此实现共赢目的②。

（二）创建校企共赢实践基地

大力推进校企合作进程，在学校和企业的共同参与下，重构应用型本科高校会计专业的实践教学体系，并不断深化实践基地基础建设和各项工作室硬件设备升级工作。在人工智能和产教融合时代背景下，不断突破传统校内实践课程基地的硬件资源限制，积极利用外部资源进行教学资源条件的改造和升级，赋予新的实践教育基地智能

---

① 李娇等：《教育现代化背景下分析化学实验课程的信息化建设》，《实验室研究与探索》2021年第5期。

② 滕晓梅：《应用型本科院校卓越会计人才培养内涵研究》，《财会月刊》2014年第18期。

化、一体化、管理化的功能，营造专业会计人才培养氛围。建设行业发展规划蓝图和企业文化建设长廊，积极进行文化传播，在引导学生提升实践能力的同时，建立良好的职业素养，了解行业发展趋势和最新政策信息，提升会计专业人才培育的针对性和可操作性。通过与校外企业的积极沟通，签订校企合作协议，明确各方权责，打造顶岗、跟岗的校外实践教学模块。为改善企业岗位需求单一、数量不足的问题，各应用型本科高校要扩大对于当地实力企业的范围，加强沟通，共同打造会计专业产教融合创新教学模式，建立实训基地产教学一体的智能化运行机制。以会计专业教育作为主线，以校企合作互惠互利机制作为重点，提升实训基地的辐射力和影响力，不断吸引校外企业的加入，组建人才培养团队。在校外实训基地环境下，学生的实践课程围绕会计工作实际展开，以岗位职责为主线开展实践教学活动，按照学生认知规律将实践课程教育模块分层化，在这个过程中学生能够养成良好的职业行为习惯，对企业文化和运行模式也具有初步了解，能够帮助学生迅速适应职场环境。通过借助互动的生态系统，可以更好地帮助本科院校应用型会计专业人才优化，跟上时代发展的步伐和企业的需要，立足高校和企业本身实际与科学技术和智能化，通过企业和学校社会需求的调研，提升会计人才的专业素质与技能。企业也可以指派技术骨干和创新性人才标杆到高校进行指导，通过专家和骨干的培训、座谈以及相关调研使得本科院校能够更好地在产教融合的过程中帮助企业进行深度合作[①]。

（三）积极打造互惠互利的校企合作模式

借助行业企业和行业协会的优势资源，以企业学院、产业学院等合作模式，对实践项目进行开发设计，构建会计行业运行环境下的特色化人才培养模式。不断完善校企合作相关政策，从制度层面保障校企合作效果，提升各主体对于产教融合和新时代人才培育重要性的基本认识，优化资源共享机制，实现产教融合的深度发展。

---

① 王喜荣、桂琰：《基于1+X试点的应用型本科院校会计专业人才培养改革探索》，《陕西教育（高教）》2020年第10期。

高校需加强计算机技术的应用，与合作企业加强沟通，对学生实习项目的时间和地点进行科学规划，尽可能保障每个学生都能获得实训机会，提升实践技能。在以互联网技术为依托的会计实践教学平台中，打造智能财务中心和业财税一体化功能，通过多媒体技术营造工作氛围，融入企业文化的相关元素，使情境更加逼真，提升学生的体验感，加深对会计岗位职责的理解。在目前校企合作的具体实施当中，为了更好地创建校企共赢的实践机制，必须要融入互联网大时代的实践趋势，让互联网成为校企合作融合计划的主要媒介。对于应用型本科高校的会计专业来说，科学技术的运用和网络媒体的帮助，都能够使得产教融合体系突破传统模式的界限，满足当代社会和相关企业需要。政府通过加大对于本科院校会计专业的资金投入以及政策帮助，通过科学技术的支持，帮助本科院校会计专业的学生能够通过最先进的设备和理念，不断提高自己的专业素质，帮助本科院校能有足够的资源和资金进行人才培养。对于本科高校会计专业的学生来说，一些大型企业的技术型人才和数字化、信息化工作离他们的日常学习内容有所偏差，因此，企业需要帮助学生了解工作当中的具体工作内容，通过开展专业培训和就业方向指导，帮助会计专业的学生能够更好地融入产教融合的大方向中，也使得本科院校在培养高素质人才时，更好地切合企业与社会需求，促进企业人才吸纳与发展创新①。

第二节　共建产教融合教学平台

产教融合是以企业对人才培养需求为中心的新型培养模式，是学校与企业之间互惠互利的合作育人模式。课程设置的合理性将直接影响到人才培养质量的高低。为了进一步提升服务企业水平，院

---

① 薛永刚、曹艳铭、勾四清：《地方应用型本科高校卓越会计人才培养模式创新研究》，《中国管理信息化》2019 年第 18 期。

校与企业应充分发挥出对人才培养的积极性和主动性，一方面，学校老师挂职深入企业内部，可以快速地熟悉企业流程，在深入了解企业运行机制后，可以更准确地掌握企业对于会计人才的需求；另一方面，校企合作、产教融合的模式可以弥补学校在专业实践课程方面的短板，依据不同岗位的需求，有针对性地对学生开设相应的专业课程，以此来提升学生的实践能力。从行业的发展趋势来看，随着信息技术的应用，对会计人员信息化管理能力的要求也不断提高，因此，需以社会需求为导向，构建多样化的校内外实践平台，全面提升会计人员的综合实力。以校内外实践课程体系为重点，以学校为中心，以企业为依托，打造校企合作育人理念，构建工学交替的财务实训及岗位实操培养体系，将符合会计专业人才培养模式进行跨域化。利用工学交替的方式，让学生近距离亲身体验企业运行流程，在跟岗期间，尽可能地培养学生自主发现问题、解决问题的能力。构建现代学徒制试点，通过企业岗位业务需求，校企之间共同制定开发教育体制，加强对会计人才现代化学徒制课程的合理安排[①]。现代学徒制不仅可以使学生在跟岗过程中了解企业文化，提高学生的综合素养，以最直接的方式为企业培训所需的应用型人才。校企合作在联合科研的同时，应充分发挥出校企间的优势，促进科学培养成果的转化。通过开展会计业务技术咨询与指导平台，在为企业解决问题的同时，增加了社会服务能力。为明确会计专业创新教育目标，将创新精神、创业意识和创业能力纳入人才培训标准。在学习期间要鼓励学生自主创新，构建多元化的内外部实践平台，并且通过不断深化实践内容，充分提升产教融合模式的构建效率，如图 6-2 所示。

一 构建产教融合理念为中心的实践平台

（一）建立以需求为导向的多样化校内外实践平台

建立以需求为导向的多样化校内外实践平台是应用型本科高校会

---

① 许凤玉：《应用型本科教育与高职教育会计人才培养比较研究》，《现代经济信息》2019 年第 13 期。

```
构建产教融合理念          构建出多样化的校
为中心的实践平台          内实践平台
            ↘         ↙
           提升人才
           培养质量
            ↗         ↖
搭建开放式会计            拓宽会计专业产教
专业产教平台              融合渠道
```

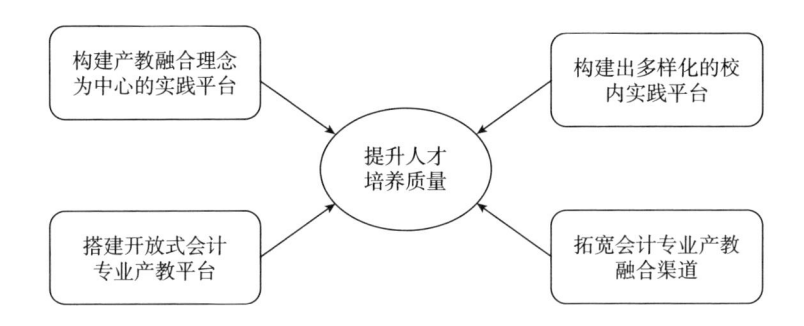

图 6-2　共建产教融合教学平台

计专业人才培养优化的重要路径，对新时代背景下应用型本科高校会计专业人才培养具有决定性作用。高校要立足于实际需求，为学生建立起符合行业发展水平和企业人才需求的训练基地，联合企业的力量，协调校企双方利益，调动企业参与产教融合的主体意识和积极性，加快实训基地的建设。采用多样化的教育模式帮助学生提升实践能力，为学生提供实践学习的场所。还可以通过组建岗位实践基地，包括仿真型岗位实习体验和真实顶岗实训项目，让学生可以直观感受会计岗位工作内容，丰富会计专业学生的相关学习、实习经历，并培养学生的创新实践应用能力。逐渐减少传统会计核算等基本职能的比重，增加信息化、管理化会计职能的相关内容。在学习过程中要建立相应的评价体系，制定科学的学习计划和培训目标，保障学生的学习质量。校内外实践平台要紧紧围绕会计专业学生学习进度和行业发展趋势，将产教融合的理念作为中心，将企业和行业的用人需求及相关要求作为标准，将企业需求作为校企合作的内在动力。不断深化校企合作深度，明确企业参与办学的相关审批流程，完善相关配套制度。在产教融合过程中，各主体要积极培育社会责任意识，明确在校企合作中的各项职责，以长远的战略眼光和价值观积极参与产教融合中校内外实践平台的建设，为学生提供多元化实训学习条件，将企业的人才培训计划与学校的教育方案相结合，与学生的实训项目相适应，不断探索理论与实践课程之间的契合点和平衡点，让学生通过实践平台能够参与到企业运行管理的实际流程中去，加快促进学校教学改革，将所学会计专业理论和会计岗位实践相结合，使学生综合能力逐步提升，达到企业标准。

（二）构建多元合作发展机制

从多主体架构多元合作发展机制，实现教育面向未来、与时俱进的发展需要，主动进行教育模式和人才培养模式的转型升级。从政府角度不断发挥主导作用，对产教融合工作进行时刻监察和督导，积极推进会计行业协会参与产教融合进程。在行业协会的指导下，高校、企业和协会专家共同组成工作小组，搭建多方联动的合作平台，加强各主体交流，为学生提供熟悉会计岗位的工作实践。协助搭建校企合作育人渠道，打破会计专业人才培养供给瓶颈，打造长期稳定的校企合作共赢关系。加快共创基地建设，将更符合会计行业发展趋势的实践课程应用于本科高校会计专业人才培养过程中，营造真实的职场氛围，以任务驱动型教学模式为学生提供现实性的企业运转流程，明确应收应付、出纳、审计等岗位的具体职责，实现教学单元的嵌入和连接，使学生学有所用[1]。

二 搭建开放式会计专业产教平台

探索多元化的产教融合平台建设，通过校中企或者引企入校的模式，加强高校与企业之间的衔接，打造校企合作育人机制。

（一）实现引企入校模式

对于产教融合模式需要继续加强认识，不断拓展产教融合深度。无论是高校还是企业，都应该作为产业链的重要一环，在共同的利益链条上开展校企深度合作，从而有效实现互惠互利、合作共赢。通过建设多元化、开放式的产教融合平台，为学生提供锻炼实践能力的机会，在高校与企业之间建立有效连接，通过多元化的合作方式，不断发掘产教融合的新领域、新方向、新模式，不断拓展产教融合深度，提升会计专业人才整体素质，不仅具备稳定的会计专业理论基础，还具有成熟的团队协作能力和沟通能力。新型的产教融合模式应是将产

---

[1] 谢苇、陈曦：《应用型本科院校会计专业人才培养模式改革与建议》，《中外企业家》2018 年第 34 期。

业链延伸至整个会计行业，让校企之间通过融合模式进行深度突破。通过搭建具有开放式的会计专业产教平台，对会计专业进行跨区域融合，促使校企之间共建育人体系，在深度融合中使企业财务发展与会计人才的综合实践能力产生新的突破，积极开发校中企和引企入校等多元化产教融合方式，或由学校和企业共建科研基地的形式，为应用型本科高校会计专业学生提供开放式的实践教育基地。在引企入校模式下，应用型本科高校积极与会计师事务所等外部企业开展合作，基于合作协议内容，协助处理代理记账公司的相关业务，在公司工作人员和学校老师的指导下，学生学习不同企业的运作流程，提升专业素养，并初步了解市场发展动态，消除职场担忧。

（二）构建校中企模式

在校中企模式下，将财务公司或记账代理公司直接建在校园内，在真实的业务环境下进行财会技能的培育。在引企入校的合作模式下，通过学校与会计师事务所等机构的合作，共建校内实践基地与代理记账工作室，不改变公司原有的会计人员结构，共同指导学生办理各种经济业务，不仅可以为企业承担部分业务，还使得学生有机会了解不同行业的财会操作经验，增加行业了解度。同时，通过院校专业教师的联合推动，让学生的业务水平得到锻炼和提高。通过课程教学服务平台的搭建，与企业之间实现资源共享，让学生可以无缝对接企业中的多种经济业务，实现校企间的一体化共育模式。此外，本科院校还应当加强与教育型软件公司的合作力度，紧抓信息化时代的转型机遇，为实训软件、软件管理、仿真实习的深入技术研发提供强有力的技术支持。通过高校实验室的建设，将会计专业教学过程与企业生产经营活动联系起来，既能够为学生提供实践教学体验，巩固会计专业理论知识基础，又能够给企业带来一定收益，建设协同育人的良好合作氛围。在校中企模式下，在应用型本科高校内建立企业，进行正常经营活动，对外承接经济类业务。学校教师加入校中企运作过程中，指导学生完成会计业务，在真实的业务环境下学习代理记账或者处理相关财务政策咨询的具体操作，将会计专业相关内容与实际工作岗位联系起来。

三 构建出多样化的校内实践平台

（一）将信息技术应用嵌入校内实践平台

在人才培养目标的制定上，需要从会计专业主要就业岗位需求入手，通过对职业能力和相关工作任务的分析，拓展产教融合深度、优化会计专业人才培养。鼓励高校创办校内会计服务工作室，并与企业进行有效对接，为企业提供出纳、成本核算、总账核算等简单的岗位任务，在完成任务的同时将相关的记账凭证、银行对账单、出库单、采购单等相关财务资料编制成册，并通过建立完整、透明的流程管理制度对成册资料进行相关评估，对操作过程中学生遇到的问题与错误操作，校企双方应及时给予帮助与纠正。以需求为导向，打造校内外实践平台，通过信息技术应用的嵌入，不断提升实践平台对真实工作环境的还原度，使校内外实践平台的作用得到最大程度的发挥。打造产业教育一体化链条，将学习过程、实习计划和管理等环节逐渐实现线上化、智能化，创造人工智能操作环境，将校内实践与校外实践相结合，以适应会计信息化变革发展速度，从客观技术条件方面为应用型本科高校会计专业人才的培养提供基础。要加快构建校企合作的长效机制，加快传统课堂的变革速度，鼓励会计专业学生开展横向研究，优化技术服务水平，助力企业内部改革优化，提升企业参与产教融合的积极性。将行业前沿信息和最新职业标准融入校内外实践教育过程中，根据市场需求的变化，实现人才培养方案的专业化和特色化，打造以岗位职责为导向的实践课程体系，帮助学生了解会计专业实际的工作流程和公司管理模式，适应行业升级对会计人员信息化技术、管理职能方面的新要求。采用多元化的方式进行实践教学，并通过任务驱动、分工合作等形式引导学生通过校内外实践平台进行主动学习，查漏补缺，不断优化自身的知识储备，锻炼解决问题的能力，实现综合素质的塑造和提升。智慧课堂的应用在目前会计专业的教学中也不可或缺，在人才培养方案优化转型的过程中，用大数据的优质教育资源打造更好的现代化教学手段，构建出多样化的校内实践平台，突破传统课堂的模式，推动人工智能和产教融合时代应用型本科高校会计专业人才培养的优化。

（二）发挥政府主导作用构建多元开放式的产教融合平台

优化人才培养的相关目标，不仅仅是为了帮助学生了解会计专业的相关知识，更多的是要以企业需求、社会需求为目标进行人才培养。加强与校外实训基地的联合力度，进一步帮助学生争取更多实习机会。然而多数企业觉得为学生提供实习岗位并不能为企业带来直接利益，因此，当前大量企业并不愿意接受实习生入驻企业，以致学生实习效果不佳。这就需要院校积极争取政府帮助，依托相关的政策开辟校企合作通道，通过与企业合作签订"订单式"合作培养计划，让学生可以真实地接触到企业运行环境，通过深入实践提升学生的综合职业素养。还要建立配套的考评制度，保障实践教学的质量，从产教融合中获取优质的人力资源。完善应用型本科高校管理制度，保障学生在参与产教融合过程中的各项权益。要为产教融合平台配备相应的监督管理制度，为产教融合平台的搭建和顺利运行提供保障。发挥政府主导作用构建多元开放式的产教融合平台，使企业积极参与到与本科院校的产教融合过程中。切实保障校企共建研发中心的顺利创建和使用，在政府的引导下加快应用型高校与当地实力企业的合作，借助实力企业在经济、科技方面的核心优势，与教育资源优势相结合，服务于地区经济的整体发展和进步。对于企业来说，这样的税收优惠不仅减轻了经济压力。同时多元开放式的产教融合平台可以使得企业能够进行早期人才储备，实现了双方共赢，从根本上提高校企合作企业的参与积极性，推动互联网背景下本科院校会计专业产教融合以及人才培养的具体实施。

四 拓宽会计专业产教融合渠道

加快促进校企文化融合，通过建设多层次的实践教学体系，打造嵌入式、模块化的创新教学体系，更新教学设计，完善教学监督。立足于会计工作岗位内容和会计行业发展规律，打造人机互动的创意教学模式，将实践教学课程内容进行阶梯化、层次化分解，提升学习体验感和参与感。以通用会计技能为基础，从初级会计实操业务出发，在掌握基本业务流程的前提下，进行专业工作岗位职责训练，并逐步开放综合实训项目，从实践教学内容上依次递进，实现应用型本科高校会计专业人才的科学化、系统化培养。开展系统化、协作化的会计专业技能教育，积极进行教育教学内容模式的创新改革，引导学生逐步建立以基础业务核算能力为本，以专业的管理业务能力为轴，以综合创新能力和应用能力为核心的全方位素质能力结构，培养现代会计行业发展需要的复合型人才。不断推进产教融合力度，通过架构多元合作发展机制，将企业的需求转化为本科院校和产业之间融合的动力，创新校企合作方式。明确企业参与相关投资和合作的门槛，通过扩大企业参与产教融合的渠道，不断降低优秀企业融资办学的门槛，在简化流程，扩大深度的同时，帮助企业完善参与本科院校会计专业产教融合的相关流程和体系制度，推动产教融合的深度。要不断拓宽校企合作产业融合中企业参与办学的广度，将企业内部的真实财务环境和工作需要进行融合，将企业相关人才培训计划和高效专业人才培养方案结合，在实训的过程中能够找到理论和实践的融合平衡点。对于应用型本科高校来说，会计专业人才培养的最终目的就是要输送社会需要的人才，通过相关信息技术媒体的搭建，在传统课堂保留知识了解的基础上，通过相关教学资源的整合和创新，最大化地利用资源和环境，帮助校企共享信息资源网络。不断规范校企合作实习的相关要求和计划，不断推动符合学校需求和人才需要的相关企业与学校联合共同创建实践基地，把握学校的相关创新和改革趋势，实现校企共赢。

第三节　推动校企课程衔接

为了发挥出校企合作、协同育人模式的优势，使课程衔接更加契合，就要改变传统课程流程，创新优化教育方式。企业会计部门在开展各项工作时，将专项技能实践课程与企业会计岗位工作进行无缝衔接，构建一个完整的、多层次的、全方位的模块式教学体系，在企业和高校获得良好效益的同时，学生也能快速适应企业的发展需要，逐步夯实会计专业知识基础，提高自身的实践能力。模块化教学属于一种个性化教学模式，培养学生的主动性，让学生可以将自身个性与特长融入至教学体系中。在人工智能背景下，会计专业人才在校企合作的运行过程中，需要加强企业的契合度。这就要求学校必须通过了解企业客户思维，深度剖析会计专业人才在校企合作中的作用，以企业客户的需求为中心，通过政策的扶持和鼓励措施，重点突出企业在校企合作中的主导地位，并在传统的合作基础上做出优化与创新。受"互联网+"的影响，企业通过领先的信息技术获得了飞速的发展，企业对会计专业人才的需求也提出了更高的要求。传统的教学体制已经无法适用于企业需求，这就需要校企双方通过人工智能构建学校与企业之间的互通信息平台。共同构建符合企业岗位需求的特色专业教学方式，不断完善适合企业岗位需求动态的会计专业培养体系，通过"互联网+"的信息优势，不断加大产教之间的资源优化配置，并通过校企协同构建多种仿真实训、职业体验平台，如图6-3所示。

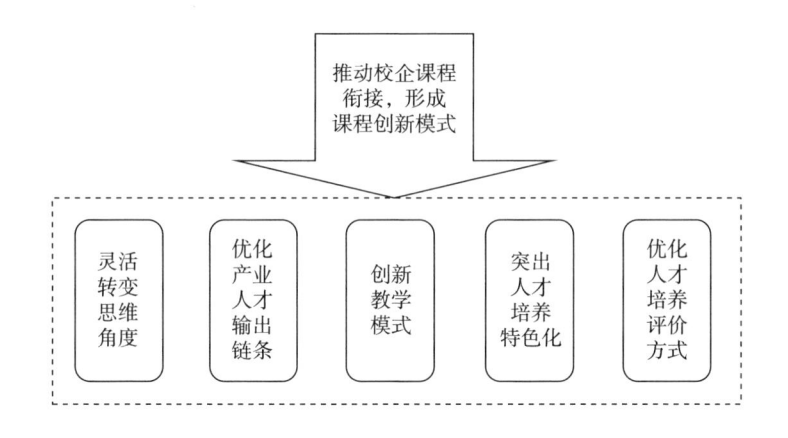

图6-3 推动校企课程衔接

一 灵活转变思维角度，运用客户思维重新定位会计专业人才培养目标

（一）积极运用客户思维，将企业的需求作为中心

积极运用客户思维，将企业的需求作为中心，审视教学工作中的各项不足，及时调整教学观念和模式，切实提升教学质量，为学生打

下实践基础。信息化时代互联网越来越成为校企融合的重要媒介，在本科高校研究产教融合新渠道的同时，为了更好地开展会计专业的教学工作，不断提高会计专业的教学效果，企业也需要为本科院校的学生提供一些适合大学生实习的相关就业岗位，对于本科院校来说，为了使企业能够对于人才培养方向有一定的认知，在制定专业教学计划和目标时，就要以企业的需求和社会的需要为中心通过切实调查相关合作企业的人才，为会计专业的人才制定相应的人才培养方案，提高本科高校会计专业人才在社会上的试用度以及企业的满意度。在产教融合中，除了要以企业的需求为中心以外，高校要运用客户思维，对于企业的需求投入更多的关注。在新时代校企改革模式的过程中，需要更多地考虑企业的需求，对于高校来说，应用型本科高校会计专业在就业方面需要与信息化企业进行融合，因此，在校企合作的过程中，高校要对融合模式进行转型创新，培养更高素质的会计专业人才，构建符合高校人才培养的特色专业群，创新人才优化培养体系。利用这种跨界思维，在产教融合模式的过程中，通过学校和企业双方的资源利用，使得培养方案中的资金和其他资源能够利用最大化，通过平台建设、实训实践等各种方式不断促进应用型本科高校会计专业人才的各种能力和综合素质，打破一些传统教学模式的界限，在顺应高校教学制度的基础上，更好地为会计专业的人才提供相应的实践环境和实景教学，保证校企融合能够达到基地对接和人才共享等效果，促进高校培养模式人才优化的转型[①]。

（二）以企业需求为中心革新教学模式

在人工智能以及产教融合时代背景下，应用型本科高校可以为企业提供创新型应用人才，为企业内部优化和提升竞争力创造人力层面的优势。而企业可以为高校学生提供就业岗位，缓解高校学生就业压力，双方合作可以实现互惠互利，和谐共赢。为此，要以企业的需求为中心开展会计专业教学，深入剖析人工智能时代背景下市场和企业

---

① 阳葵兰：《应用型本科院校校企合作会计人才培养模式探讨》，《财会学习》2019年第22期。

对人才能力提出的要求，并引导应用型本科高校会计专业教学模式不断创新。人工智能的发展趋势下，传统会计的岗位职能发生了转变，新型会计岗位对大数据和云计算等技术都提出新的要求，及时调整人才培养方案，保障人才培养质量与市场需求精准对接，缓解就业难题。积极进行应用型本科高校会计专业教学内容、实践教学模式的革新，以企业需求和市场发展为导向，对传统教学内容进行优化。通过围绕企业需求及时定位学生学习状态并调整教学方向，提升学生的专业能力水平和综合素养，为企业创造经济效益，规避市场风险。大力开发人工智能技术进入课堂教学的创新模式，加强学习共同体的建立，作为重要辅助手段开展以企业需求为中心的会计专业教学[①]。积极利用人工智能技术和大数据技术，打造线上信息交流共享平台，各企业在信息平台中公示会计专业相关岗位需求，加强高校和企业之间的信息交流，便于高校在平台上接收信息并根据需求信息开展教学工作。各应用型本科高校可以根据企业提出的各项要求进行动态调整教学模式，开展会计专业人才的培养工作。应用型本科高校应将满足企业对人才的需求作为会计专业人才培养目标，将互惠互利的校企合作关系作为学校教学改革的重要动力，在学校和企业的通力合作下，培养适应社会发展趋势、满足市场需求的优秀会计专业人才。

（三）充分发挥企业作为校企合作主体的优势

正确认识企业在产教融合中的地位，在制定会计专业人才培养计划和方向时，充分听取企业意见。在企业协助下进行传统课程体系的解构和重新规划，实现会计专业优秀人才的培养目标，帮助学生缓解就业压力。借助企业对于行业发展的了解和预判能力，不断提升企业在产教融合中的地位，发挥企业作为校企合作主体的地位和优势，深化互联网+的时代潮流，探寻互联网+对会计专业教学的影响，培养学生的信息化能力。在企业参与下不断优化产教融合模式，实现学习过

[①] 谢平华：《基于岗位胜任力的应用型本科会计专业人才培养模式研究》，《中国市场》2018年第1期。

程的改进，保障教学资源的时效性。不断提高企业在产教融合计划实施过程中的主体地位和影响作用，通过企业对高校人才培养的方向提出合理的建议和优化。为了更好地满足企业需求，了解企业优化建议，通过互联网技术搭建产教融合平台，通过本科院校和企业的深入交流，及时获取企业需求的变化以及学生在企业实习的具体状况，不仅能够帮助会计专业实习的同学更好地了解自身的不足和未来发展的方向，也能够方便企业更好地与高校对接。通过人才培养计划和岗位竞争要求，寻找符合本校会计专业人才学生的实习需要，更好地与企业进行交流融合，不断完善人工智能和产教融合时代应用型本科高校会计专业人才培养的具体改革方案[①]。

二 优化产业人才输出链条

产教融合的内在本质是一种以不断创新、改进为核心的成长模式。会计教育要走内涵式发展道路，则需要不断拓展产教融合广度，通过共享方式寻找校企产教的融合点，建立产教融合专业人才培养模式，打造产业人才输出链，对企业的可持续发展具有有益的启示，更利于实现学校与企业在可持续发展中的共赢局面。将产教融合延伸至政府、行业、企业、学校的各个方面。通过对教育链、人才链的整体结构、质量、水平等方面的有效对接，解决人才培养供给侧与产业需求侧之间的矛盾。随着社会发展，企业在选择财务人员方面也更注重会计人才的整体核心能力，除了要求拥有专业的财务核算、分析、管理技能，还要求其拥有自我思考、自我突破、自我革新和能快速适应社会发展等方面的能力。而当下本科院校对于会计人才的培养更侧重于理论知识的灌输，使得校企之间的人才供给与需求产生了矛盾，造成会计人才就业难的局面。因此，要加大产教合作的范围，从不同角度、层次、形式入手，注重对会计人才的综合素质能力的培养，增强专业化人才培养与市场需求的契合程度，从而缓解会计专业人才的就业压力。拓展产教融合的内容。针对会计行业在培养专业应用型人才

---

① 袁祥勇、林立构：《应用型本科院校管理型会计人才培养体系构建探讨》，《价值工程》2018年第28期。

方面，校企应当把区域经济的发展战略与产业布局纳入规划中，以引领行业的新需求共同打造紧密结合实际岗位需求的教学体系，利用人工智能实现资源内容共享，创新教学内容，打造人才共育模式。将对人才培养的规格和水平充分地体现出来，并在实际的工作流程中融入行业标准与岗位规范等，利用专业技能知识与实践相结合的方式，打造产业人才输出链。

(一) 引导产教融合领域的不断升级扩充

应用型本科高校会计专业的人才培养需要紧跟人工智能以及产教融合的时代发展趋势，不断扩大产教融合的范围，适应现代会计岗位转型发展的实际需要，培养业财融合的新型会计创新复合人才。产教融合是一项需要多主体紧密联系、配合协作的工作，不仅需要高校和企业之间的沟通与契合，政府、行业协会等都是保障产教融合健康发展深入的主体。在产教融合的过程中，各主体要积极参与进来，发挥各自优势资源，抓住会计专业发展趋势，适应行业扩张和升级对人才提出的最新要求，保持应用型本科高校与实力企业的产教融合质量，帮助学生建立业财融合的思维模式和岗位能力，培养业务管理的基本能力，实现综合能力的整体优化。在产教融合各主体的积极参与下，加快建立高校教育与市场人才供给、企业发展的连接，不断优化应用型本科高校会计专业人才的供给质量。对于应用型本科高校会计专业人才的培养而言，优化人才培养路径应当立足于会计专业的实际，将人才培养目标与区域发展整体战略布局相联系，将人才培养方案与产教融合各主体的共同利益相适应，使会计专业人才培养能够适应人工智能发展脚步，加快传统会计职能向复合型会计、管理会计转变，培养财会领域的应用型人才。在会计专业人才培养过程中，高校和企业应当联合起来，共同制定人才培养质量目标，并根据行业及市场发展趋势不断调整，共建行业规范，并以此调整应用型本科高校会计课程体系和评价考核系统，企业基于自身优势，可以将一些骨干技术型人才指派到高校开展工作，参与对应用型本科高校会计专业人才培养工作中来，促进会计人才培养与市场需求相符合。

(二)将会计专业人才输出与产业发展相结合

1. 实现校企资源共享与学科共建

在产教融合的大背景下,为了更好地完善本科院校会计专业人才培养模式,在政府、企业、学校三方牵头的信息平台搭建基础上,通过产教融合将会计专业人才的校内课堂学习和校外实习工作有机结合,培养学生将理论知识在实践中转化为专业能力,使学生对于行业发展以及目前知识掌握程度有所了解。拓展产教融合广度与高校合作的方式,有利于企业在引进人才之后提升整体公司的凝聚力和向心力,以及员工对于企业文化的认同感。而在顶岗实习的过程中,通过现实工作人员的培训以及企业的锻炼,在知识体系和实践体系双循环中,促进学校人才培养体系完善,加快产业链运作,打造强有力的人才输出源泉。通过现代学徒制试点的构建,帮助企业在实习阶段为高校提供一定的订单,满足高校和企业在产教融合过程中的需求,通过科研合作进一步加深校企联合的方式,使得学校能够发挥教研优势,企业能够发挥实践优势,在信息平台上通过资源共享和学科共建,转化为企业所需要的实际技术能力,通过创新性人才的培养,为企业注入新的内生动力和未来发展活力,服务区域经济发展。

2. 建立目标为导向的人才培养机制

不断优化产业人才输出链条,调节产业发展人才需求与高校人才培养能力结构之间的矛盾,使得应用型本科高校会计专业人才培养与产业布局相融合,从实际出发定位人才培养规格与标准,建立目标为导向的人才培养过程,按照实际工作岗位内容和企业需求进行人才培养,将大数据、云计算、自动核算要素融入人才培养过程,利用产教融合中各主体的优势资源,打造合作育人的培养模式,并不断开拓新的合作角度,加强学生信息整合应用和逻辑思维能力,使得会计人才质量得到整体提升。利用完善的管理制度规范产教融合过程中的各主体行为,对会计专业人才培养工作进行系统性管理。在国家各项法规的基础上,结合当地具体实际,对相关法律进行阐释和补充,使得产教融合过程中的各主体权责更加清晰,提升人才培养工作的科学性和法律性。扩大产教融合的辐射范围,为产教融合各主体创造更多经济效益，提升各主体参与产教融合和会计专业人才培养的积极性。

3. 积极开展企业职业能力需求

在进行本科院校会计专业教学改革时，以企业职业能力需求为导向，开展会计专业人才培养工作与企业保持良好沟通，将企业对会计岗位人才一专多能、复合型、创新型等需求进行分析调研，实现学校教育与企业职业能力需求的有机结合，并以此作为导向进行会计专业课程体系的构建。在以企业职业能力需求为导向的课程体系构建过程中注意提升实践教学与拓展类教学的比例，培养学生的复合型技能。积极开展实践教学体系的改革，紧紧围绕企业会计岗位职业能力需求，通过有效的模拟实践教学，帮助学生认识到胜任会计工作岗位所需要的各项实践技能。此外，学校和企业应当建立持续性的沟通合作机制，不断深化校企合作的层次，使得学校能够及时接收关于企业职业能力需求的变动，并随之做出教学方案与课程体系的调整，为企业输送符合会计岗位职业能力需求的人才，满足企业的会计岗位人才需求。

三 创新教学模式

会计专业在培养过程中不仅要求会计人才能准确地掌握各个岗位环节的知识，对智能化财务有深入的理解和把握，同时还得具备良好的职业道德素养。以政府为主导，学校为主体，企业为助力，共同打造人工智能的校企合作信息平台，从具体实践到实践过程深入推进，多角度构建基于产教融合的会计专业培养模式，实现数据共享，推动传统教学向自主学习的转变，实现产教融合的深化改革。通过出台相关税收优惠政策，鼓励更多企业参与产教融合，为学生进行专业成长营造有利条件。加大对校企合作的宣传力度，将企业的合作经验和企业的实际发展情况进行全方位的宣传。通过完善合作与评估制度，校企双方随时都可以对会计人才进行跟踪评价，促使企业更多地融入人才教育中。随着人工智能的不断发展，我国企业对会计信息化的进程也逐步完善，电子记账的上升与人工核算的转变互相产生影响，也导致了对财务信息的准确度产生各种质疑，平台的集约化发展决定了财务信息有着透明化、可修改化的特质，易出现人为修改现象。因此，需要各个主体加强对课程体系的设置，尤其针对道德教育内容，也要逐步融入课程体系之中，通过主体带头的方式，让学生能够理解到会计行业中道德修养的重要性，从而让学生的专业知识与道德修养同时得到提升，发展成为符合我国会计行业需求的综合型会计人才。

（一）突破传统教学模式和传统会计专业课程设置方式

1. 由传统会计向管理会计转变

引导会计专业教育从以专业理论知识为主向注重综合素质培养转变。当今时代，人工智能发展迅猛，许多复杂的运算、核算及数据分析工作都可以由人工智能协助完成，并且有了人工智能技术的加入，比传统方式更加快捷和高效。但人工智能终究无法完全取代人工，决策的权力和最终确认都仍需要会计专业人才。要及时更新教学理念，以与时俱进的思想优化会计专业课程设置，为会计教学搭建良好平台，实现会计专业课程体系的完善升级，坚持专业为主的基础地位不动摇，以多元化的方式开展会计专业人才培养教学，将理论课程与实践技能相统一。除会计基础技能相关课程之外，要增设对于学生分析和解决问题的能力、协作能力、沟通能力以及职业素养的塑造，并注意加强学生的思想政治教育，引导学生建立正确的价值观和职业操守，注重学生综合能力素质的培养。当前会计本科专业教育存在课程体系陈旧、亟待升级的问题，实际教学过程中有关管理会计的课程学时被压缩或者占用，导致管理会计教学改革进程缓慢。从当前会计整体行业发展规律来看，向管理会计的转变是行业发展的必然趋势，但实际应用型本科会计专业教学过程中，院校对于管理会计相关课程设计和专业课程比例关注度不够，与其他传统核算会计课程相比，管理会计所占课时严重不足。传统的辅助费用分配、分批管理等难度较高的课程内容仍然占据着不可撼动的课程比例，因此在课程分配的过程中，管理会计的相关课程学时就会被压缩或者占用。并且，管理会计相关的实训课程数量和比例也呈现一定的失衡特点，目前应用型本科会计专业教学中，有关成本会计和审计会计的实训课程资源较为丰富，学生可以借助多元化的电算化课程提升自身的专业技能，但有关管理会计的实训课程数量并不多，也对会计本科专业创新教育质量的提升和学生专业技能的优化造成了一定阻碍。

2. 完善评价体系减少教学内容重复

我国应用型本科院校的会计专业课程中，教学内容存在一定的重复性。具体表现在一些管理会计课程内容中，还涵盖了与其他科目相重复的内容。这些教学内容有的来自成本会计相关课程中，还有的来自财务管理等课程中。一些例如经营决策等管理会计的相关内容，可能出现在管理会计、财务管理和预算管理等多个课程中。具体到实际的教学过程中，教学范畴的划分和归属就成为问题。这些重复的教学内容，导致了教学资源的一定浪费，也不利于学生对管理会计等专业的正确认识以及整体知识结构的理顺与形成，并且对于教师而言也增加了教学设计的难度，对课时安排顺序等存在一定的影响作用。目前在应用型本科会计专业教学过程中，课程评价体系还不够完善，没有突出对学生创新应用能力的关注度及其重要性，有关教学评价指标的设置大多以量化指标的形式来进行，指标内容呈现一定的滞后性，缺少过程性考核的有关内容。从目前应用型本科院校会计专业教学评价体系来看，容易导致学生应试心理的延续，不足以调动学生在日常学习生活中的积极性，并且缺乏灵活性的教学评价指标，不足以发挥评价体系对于学生学习状态和教学质量的推动作用，没有实现教学评价体系作用的最大化。

（二）以三合一的创新课程体系作为会计专业人才培养目标的重要手段

1. 进一步实现课岗融合

本科院校进行会计专业教学改革时，应充分了解当前人才培养与市场需求的脱节现象，紧密围绕人才市场的需求进行会计专业课程的开发，使会计专业的人才培养能够实现与市场和企业就业岗位的有效衔接。在基于人才市场需求的课程体系开发和建设的过程中，要以"地域性"和"职业性"为基本原则，并对地方产业结构调整最新动态和发展趋势进行充分分析，将课程体系与产业发展相结合，与人才市场需求相适应。另外，学校还应当与企业展开高效沟通，针对当前会计岗位的真实需求，为学校人才培养指明方向，也为学生就业发展计划的建立提供思路。在企业的参与下，学校要积极调整对于会计职业和专业技能的认识，培养会计专业学生的综合能力，实现个人素质的提升和会计专业人才的塑造。人才市场需求是本科院校会计专业教育改革和人才目标调整的风向标，学校要充分认识到当前企业对于会计岗位高专业性、高复合性的具体要求，及时调整人才培养计划和课程设置思路，实现人才培养与市场企业需求的统一，从而能够提升会计专业的教育教学质量，向市场和企业输送专业人才[①]。

2. 促进学生能力与岗位需求和社会发展相匹配

调整传统会计专业教学中事后核算的比重，顺应互联网的发展趋势进行课程设置的优化。在企业的积极参与下加快课程设置的调整步伐，将业财融合、企业管理和人际交往能力作为培养主线，将财务会计、管理会计和信息化课程作为课程体系的核心，使学生能力与岗位需求和社会发展相匹配。将三合一的创新课程体系运用到应用型本科高校会计专业的人才培养过程中，融入大数据分析、云计算、绩效和风险管理等相关内容，压缩核算会计课程比重，提升学生对信息数据的处理和分析能力，以在线共享课程的创新模式帮助学生塑造职业素养，培养学生发现问题、解决问题的能力，提升学生的综合素质能力。基于能力本位视角，本科院校会计专业课程开发的过程中，要以跨学科培养为基础，以综合职业能力打造为目标，构建创新课程体系。当前会计行业需要的是综合性人才，在本科院校会计人才培养过程中应当以培养综合性人才为基本目标，并以此作为教学计划设定和课程体系创建的重要依据。并且在实际教学过程中，要充分发挥学生的主体积极性，培养学生的自主学习能力，积极引导教师职能和思维的调整，尊重学生的主体地位。在以能力本位为原则的基础上，以培养学生的综合职业能力为目标的课程体系建设过程中，要充分考虑市场的需求，构建创新课程模块和课程体系，具体可以分为基础会计、专业技能、审计技能与拓展技能四部分。在基础会计部分，帮助学生

---

① 王春梅：《试论探究式学习在高中英语阅读教学中的应用》，《校园英语》2015 年第 5 期。

建立综合能力的雏形,并不断强化学生的文化素养,引导学生培养工匠精神、爱岗敬业的职业道德和脚踏实地的品质。在专业技能部分,带领学生对从事会计岗位所需的各项专业化技能进行演练。审计技能部分则是教会学生将会计技能进行延伸,正确理解审计部分涉及的具体流程操作,适应实际会计岗位中的工作内容。而在拓展技能部分,要以灵活性为原则,以不同会计岗位为方向,为学生设计丰富的选修课程,让学生可以基于自身发展的需要选择感兴趣的方向,从而通过课程体系构建实现学生综合职业能力的有效提升。

(三)优化学生学习环境,营造现代企业的运行模式,为学生提供会计岗位仿真体验

1. 促进互联网+与会计实训课程结合

构建院校会计专业课程内容,加快会计教学改革,注重传统财务能力培养,并加快实践课程的构建进程。对于传统会计工作模式而言,会计核算和会计监督是传统会计工作的两大核心内容。为此,需要从会计核算、财务管理、审计和税收四方面对会计专业学生的专业能力进行培养,并作为课程构建的重要依据。会计核算能力的培养是当前本科院校会计专业教育的重点内容,一般通过会计综合模拟实训、电算化实训和成本会计实训课程的设置来进行。有的还会通过设置政府与非营利组织会计实训等课程,使实践课程整体更加具有针对性。针对财务管理、审计和税收方面专业能力的培养,当前本科院校基本通过财务报表分析实训、财税模拟课程等进行。可以看出当前实训课程内容较丰富,但与财务信息化环境存在一定的脱节现象。新的时代背景下,本科院校进行会计专业课程改革要积极,通过研发综合财务教学软件,使会计实验室实训条件不断优化,能够让学生有机会接触到更加真实的账目。通过人工智能技术构建线上模拟实验室,为学生提供实战演练的场所。将传统的手工账与大数据下的云实验室相结合,优化学生的实操能力。践行应用型本科高校会计专业人才培养根本目标,依据现代会计的发展需求建设学习实践基地,采用仿真化的实验室提升学生的学习参与感,开展多样化的实训和岗位实习项目,或者通过举办专业竞赛等趣味活动,以任务型教学为主线,加深

学生对于业财融合等新型会计岗位能力要求的理解，提升学生在业财一体领域的理论基础和相关知识储备。

2. 结合现代企业运行模式提升学生职业素养

通过知识—技能—素质的人才培育模型，对学生的专业能力和职业道德进行综合培养。在业财融合的学习环境下，对学生开展有关企业运营和相关管理业务的讲述，提升课程设置的针对性和科学性，使得学生在毕业后能够快速适应工作角色，成为具备管理技能和综合素质的创新型、应用型、全面型的人才。通过课程设置的转变以及整体教学模式的转变，帮助高校会计专业的人才能够更好地适应目前大数据时代，通过云计算、大数据等核心技术的培养，使得会计专业的人才能够跟上时代发展的趋势。在教学课堂过程中，通过学生的教学反馈以及学生的体验，通过交互式人机互动的方式，使得会计专业的同学能够对于学习现代化会计专业知识产生一定的兴趣和热情。在人才培养模式过程中，不再仅仅专注于会计专业的技能，例如在具体的培养方案当中，也需要将思政课程融入会计的专业教学中，不断提高学生的专业素质，以及对于会计专业的思考和理念，通过全方位提高学生的综合素质以及诚信伦理观念，使得会计专业的人才在落实自身道德层面的过程中，更好地发挥自己的专业技能。不断创新教学模式，根据时代发展的趋势，积极转型创新模式，提高人才培养效果。

四　突出人才培养特色化

目前我国本科院校会计专业同质化倾向较为严重。据统计，会计专业作为本科院校的热门专业，在校学生数量已超过全国高等院校在校生的10%以上，面对如此庞大的学生群体加上专业特色的缺失导致会计行业就业压力急剧增加，而课程体系的高度趋同及教学方法的传统化特点，不但浪费了教学资源，还不利于打造各学校独有的专业亮点，加剧了用人市场的激烈竞争，并导致了结构性失业现象，使会计专业建设遭遇了发展瓶颈。要实现应用型本科高校会计专业人才培养质量提升，必须克服同质化倾向，强调特色化的专业人才培养模式。为了适应社会发展需求，会计工作应该重点推进职能作用转变，强化信息管理作用，并以此为依据，结合会计专业岗位特点，编制具有创新型特色的专项培养计划，构建具有鲜明特色的专业文化体系。针对不同招生渠道和不同发展规划的学生，结合实际情况，因地适宜地制定具有针对性的个性化培养方案。以理论知识为基础，进行理论联系实际，并将理论与实际相统一。通过制定差异化分层培养策略，按照不同学生的知识掌握程度，选择更适合学生发展的教育方式，对于低年级学段或是基础较差的学生群体，更加强调基础性知识技能的掌握与巩固，而对于高年级学段或者天赋较好的学生群体，则可以开展针对性专项培养，在夯实基础的前提下，提升学生解决问题的能力以及社会责任感。

（一）顺应人工智能技术在教育领域及会计专业领域的深度开发和应用趋势

1. 发掘因材施教教育理念的时代化内涵

针对当前大智移云时代对会计职业岗位能力提出的更高要求，本科院校在构建会计专业课程的过程中，要注意优化会计课程的专业化，提升教学针对性，满足大智移云时代对会计专业人才培养的实际需求。在这个基础上，要突破传统会计专业教育计划中以会计职业岗位知识目标的设计为中心进行会计学科课程建设、脱离工作实际的缺点，真正从会计岗位中发掘理论与实践的结合点，对岗位能力进行准确分析，以跨学科的思维培养符合会计岗位要求的创新型人才，不断提升人才培养的专业技术技能水平，并着重提升对人才复合型技能的培养力度。针对学生学习心理、个人认知能力水平和需求的不同，采用不同的教学活动，以培养人才多元化能力作为人才培养的使命，将会计专业课程与企业岗位标准进行有效衔接，通过岗位要求建设学习任务，推动课程改革进度。以人为本开展个性化教学，采用开放性的教学模式，面向不同学习者的具体实际和人才培养发展原则，使学生实现学有所用、学有所长，达到立德树人的根本目标。积极打造行为导向的教学模式，强调专业技能的培养，在教中学，在学中做，引导学生在不同的知识能力基础上实现全面发展，避免人才培养的同质化倾向。在传统教育教学模式基础上，关注学习者的个人成长和不同阶段的学习状态，借助人工智能技术，对传统教学模式进行改革，采用多元化的智能化教学方法，实现专业人才培养的特色化。

2. 借助人工智能技术实现人才培养特色化

应用型本科高校会计专业的人才培养需要克服同质化倾向，开展特色化教学。在专业化课程体系改革的过程中，要尊重会计岗位基本能力要求与拓展能力需要，以知识、素质、能力、大数据为基础，培养学生不仅要学会将经济活动等会计信息通过财务报表等形式进行准确呈现，更要提升专业化能力，为企业内部和市场端提供全方位的有价值信息，在大数据环境下保障企业会计信息披露的准确性与及时性，实现企业会计信息披露质量的有效优化。在应用型本科高校会计专业的人才培养过程中，利用人工智能技术在数据分析及预测方面的强大优势，对学生的学习情况进行及时预测和诊断，深挖每个学习者的行为习惯和相关数据，形成学习状态报告，便于掌握学生的学习状态，为课堂教学提供数据层面的有力支撑。依据人工智能软件对学生学习情况的数据展示，提升教学评价的针对性，根据学生不同的实际调整教学方案，实现个性化教学。加大人工智能技术的开发，通过对于学生学习经历的相关记录和市场的相关趋势预测，人工智能技术可以根据学生的成绩和兴趣取向，帮助学生提供职业生涯规划，为学生选择就业领域提供重要参考，优化教育方案，提升学习效率的积极作用，为学生自我发展计划提供客观依据[1]。

（二）通过智慧课堂等现代信息技术，打造特色化、互动性的会计专业人才培养模式，克服人才培养同质化倾向

在智慧课堂模式下，优质的教学资源通过信息化技术呈现给学生，能够有效突破教育领域和人工智能技术领域的壁垒。通过在线教学课堂，师生可以实现全方位互动，有效关注不同学生的学习需求。开发大数据、云计算等智能化技术，借助人工智能优势，将线上课堂和线下课堂相结合，以平衡应用型本科高校会计专业人才培养过程中出现的各项时间与空间、理论与实践之间的矛盾，并有效弥补人工智

---

[1] 余传柏等：《材料学概论课程考核改革的实践与探索》，《广东化工》2017年第2期。

能在伦理认知和决策层面的不足。通过智慧课堂的云计算和智能分析功能，建立学生在线学习形象和个性化学习档案，有助于实现教学过程的优化，实现会计专业人才的个性化、智能化指导。在产教融合现代化的当下，克服同质化倾向、实现专业人才培养特色化首先需要对于会计专业人才因材施教。应用型本科高校可以通过人工智能、信息化技术的手段和优势将灌输填鸭式的教学模式改为灵活多变的智能化教学，从而更好地推进个性化和因材施教的目的。高校在制定人才培养优化方案时，人工智能与因材施教相结合，通过数据的具体分析和整合，对学生进行全方面分析和指导。在教学过程中，人工智能技术又可以帮助教师了解到会计专业的同学在学习的过程中在哪里遇到的问题最多，有哪些重点没有掌握，从而更好地帮助同学全方位地学习知识，构建体系，能够精准地掌握每一位同学的学习现状和情况，有利于个性化培养方案的推进，对人才优化培养提供参考依据和实施方案，通过因材施教优化教学体系。在教学实施的过程中，要立足于会计岗位的实际要求，从原始凭证的填制和审核，到大数据财务软件单据的生成、会计报表的编制，然后再到专项报告的制作，循序渐进开展教学计划，在有效教学评价的影响下，实现对人才培养的有效引导。将职业道德和专业能力相结合，实现会计专业课程体系的构建，能够有效培养本科院校会计专业人才的综合素质，培养兼具职业道德和职业技能的会计岗位从业者和社会需要的复合型人才。

（三）构建符合企业岗位能力需要的课程结构

1. 通过校企合作提升实践教学水平

对于会计专业而言，由于需要具体到企业会计岗位要求的专业技能，因此对于专业教学而言，必须尊重会计专业实践性强的基本属性，除理论知识之外，关注学生实践能力的提升。但在具体教学过程中，实验实训环节所占比例不足，尤其是当前教师群体的实践教学能力还不足以符合实践课程的具体需求，这与学校教师配置的方式有关。大多数应用型本科院校的教师都来自院校而非企业，教师群体的专业基础和理论知识根基十分牢固，但实践经验比较缺失，在进行实践课程讲解和演练的过程中，有关专业内容的讲解不很到位，因此导致课程实用性不足。教师实践教学水平的不足直接影响了会计专业教学质量和学生实践能力的提升，导致会计专业实践教学质量没有得到有效提升。教师能力与教学改革发展趋势存在一定的脱节现象，无法培养教师群体与时俱进的意识和创新教学能力，也无法适应人才培养目标的变革以及教育内容变革的新要求，对学生的学习和发展造成一定程度的限制①。教师们除了需要掌握最新的会计前沿理论教学基础及准则，还必须牢固树立以时代需求为导向的教学思想，从根本上创新符合新时代学生发展的综合性教学模式，构建新时代会计专业培养教学大纲体系，全面促进传统教育改革。在理论与素质的教育过程中，灵活运用先进的信息技术，推进科学化教学方式，以此来实现整体教学水平的提升。虽然传统的教育方式能够让学生掌握良好的专业知识基础，但在实际操作中，仅拥有理论知识是不够的，还要学会如何将所学知识融会贯通在实际工作中。鼓励教师积极参与新型会计知识培训，扩展自身的管理知识储备，切实提升教师群体实践教学业务水平。通过进修的方式，鼓励教师走入企业，把先进的知识点与成功案例融入现行教学内容中。通过与企业合作，积极聘请企业内部专业人士来校授课。鼓励校企双方成立双师型教育队伍，促进学校教学实践的融合，使会计专业应用型人才更接近双创背景下人才培养目标的要求。引进企业专家，开展多种形式的深入交流，对人才培养思路以及教学方法等进行深刻研究，共同完成课程内容的编写以及具有特色的会计人才培养模式。

2. 树立课岗融合的实践教学理念

作为教学质量提升的关键环节，实践课程教学方法关系到学生专业技能的培养和提升，对于应用型本科会计专业教学而言，要实现创新创业教育质量的提升，就必须对实践课程教学方法进行有效评估和及时升级。目前在我国应用型本科会计专业教学过程中，大多沿用传统的实践课程教学方法，没有迎合互联网+时代的发展趋势，也无法

---

① 任洪、陈瑕：《医学专业与非医专业学生创新创业课程学习效果对比研究》，《创新创业理论研究与实践》2022年第8期。

为学生开辟创新创业技能提升的渠道，从而影响学生创业成功率的提升，这种现象与师资条件和硬件条件限制有关，也与应用型本科会计专业人才培养理念有关。对于会计专业而言，应用性是会计专业的显著特征之一，这就要求学生不但需要具有扎实的理论知识基础，还要具备足够的实践应用能力。当前在我国应用型本科院校会计专业教学过程中，关于理实一体化建设的力度仍不足，尤其是会计实践教学仍停留在表层，很容易出现课程中偏重理论、忽略实践能力提升的现象。部分院校为加快理实一体化建设，推出了许多集中实训课程，但在具体执行阶段，集中实训课程对专业实践教学具有一定的强调作用，但却缺少关于创新创业相关课程内容，实践环节之间也具有较强的独立性，导致了理论与实践、实践教学与创新创业教学之间的隔阂，无法实现应用型人才培养的目标。尤其对于地方应用型高校会计专业学生而言，需要对会计实操技能进行实地研究与岗位演练，增加会计操作经验。由于会计岗位直接接触企业机密信息的特殊性，相关企业存在一些商业信息安全性顾虑，参与产教融合的动力不足等因素，产教融合政策无法得到深入的贯彻，因此企业和高校都无法享受到产教融合政策带来的实际效益，并且不利于地方应用型高校会计专业人才的培养。会计人才培养课程设置的开发、建设与创新，对人才培养的方向和质量具有重要影响。全面优化校企合作、产教融合、协同育人培养机制，是教学实践成果突出的关键因素。会计人才培养目标的制定应以地方经济发展需求和会计人才的发展前景为导向，多方共同参与，通过对人才理论知识与技能专业能力的掌握程度，对人才的综合能力进行整体性梳理，准确划分培养目标，因地制宜地制定更符合当下会计人才需求的培养新模式。

3. 构建任务导向的教学模式

通过梳理企业岗位职业能力需要，完成对课程结构的精准调整，充分发挥出企业与院校间合作办学的优势，将企业岗位需求与特色企业文化背景充分地融入理论教学课程中，并通过课程与岗位需求的紧密结合，构建以任务为导向，促进学生通过任务内容与实施过程提升自我能力的特色教学模式。目前，我国有部分本科院校对会计专业的实训条件有限且机制有待完善。由于硬件设施的缺失，导致会计专业学生无法通过专业实训提升自身综合素质，这也是产教融合、校企合作最应该重视的问题所在。面对此种现状，本科院校应发挥出在教学体系中的引领作用，加大对实训基地的改建力度。实训基地的改建与机制创新要充分结合当下社会发展与企业所需，对于场地设施的布置要做到合理化，通过改建实训基地，将课堂上所学的知识与实际操作进行融会贯通，通过实际操作实现自我能力的提升，以便学生可以适应企业岗位的工作流程。与企业签订合作协议，让在校学生通过分批、分组的方式陆续进入企业实习，近距离真实体验企业内部运作流程，并在相关工作人员的指导下，完成校企布置的相关岗位任务。让学生进企业实习的机制，可以使学生将课堂理论知识快速融入企业业务流程之中，能够促进学生的专业技能水平得到大幅提升。依据实习结果对学生进行真实评价，针对评价结果，优秀的学生可以作为企业未来发展的重点培养目标，为企业储备大量的优秀会计专业人才。

五　优化人才培养评价方式

教育评价机制能够有效评估教育成果，引导人才培养方向，是提升人才培养质量的重要指标，是检验应用型本科高校会计专业教育教学质量的重要手段。在人工智能及产教融合时代背景下，要保障应用型本科高校会计专业人才培养发展方向，就要不断优化教育评价手段，将未来职业发展规划作为教育评估的重要指标和依据，融合行业要素，从学生、企业、学校等多角度出发，采用动态性、科学性的评价指标和多评价主体的模式，真正做到以能力为导向。在丰富学生实践技能水平的同时，加强职业素养考核比重，实现评价指标的优化。针对会计人才培养的效果评价，既要保证质量，又要保证效益。质量主要表现在毕业生的就业状况；效益则表现在人才是否符合企业需求，能否为企业创造经济效益。因此，针对会计人才的评价机制，应该引入企业等方面评价主体共同参与。除了学校的日常考核外，还应该针对学生的岗位就业状况，采取更全面、更具针对性的考评方式，通过对不同日常作业的参与和完成程度，对人才评定标准进行适时更新，以保证考核结果能够更加合理。在人才评估标准与指标体系建设时，要对考核的会计人才培养质量进行充分的考虑，针对人才培养策略以及策略的合理性都应该结合未来职业发展规划制定科学的评价标准，采用多方主体共同参与评价的模式，扩大评价结果收集范围，以保证评价的全面性，也可以引入第三方评价机构，对于人才培养质量进行评估。

（一）优化教育评价手段，建立全方位教育评价体系

在时代发展背景下，教育评价手段应当呈现多元化、全方位的特点，以学生能力为导向，以未来职业发展规划为依据，更加客观形象地反映学生学习状态和教育质量，发挥人才评价机制对于会计专业人才培养工作的引导作用。在教育评价框架的制定过程中，应当注重科学性和全面性，对德育质量进行评估，对学生职业道德的养成进行有效考核。同时，还要具备可操作性和动态可调整性，根据行业发展规范和岗位需求，以能力为导向，以品德为核心，以业绩为重点，进行人才培养的考核评估。在企业的积极参与下，制定德育标准与职业素养标准，融入考核内容中。并通过评价主体的多元化，提升企业在教育评价中的比重。

（二）对于人才培养教育评价中的各项指标要进行科学分类

从基础认知、实操技能、实训表现和实习评价等方面，充分融入市场要素和行业发展要素，将定性考核和定量考核相结合，不断开发科学的考评工具，提升考核的客观性和全面性。在实操技能层面使用定量考核，对会计核算实操技能和掌握程度进行考核，在实训和实习类考核中，要灵活采用定性和定量考核，既要对学生的工作能力掌握情况、工作态度、出勤情况等进行考核，又要在职业道德、沟通协作能力及综合素养层面进行评估，构建全方位的考核，提升对于学生整体状态和综合素质的把控程度。

（三）教育评价过程应当积极引入人工智能技术

逐渐摆脱传统手工操作考核的形式，建立线上无纸化、智能化、自动化的测评反馈机制，并建立动态考评。利用人工智能技术的数据分析、逻辑判断和预测功能，对可量化的标准进行客观评价，弱化评价的主观性和片面性，对学生的整个学习过程给予更加智能化、更加系统化的评估。通过动态可持续的评价体系，时刻发挥考评工具在帮

助学生查漏补缺方面的重要作用。同时，要积极建立会计专业考核评价反馈机制，打造考核闭环，通过测评结果凸显出的薄弱环节，利用人工智能评价系统进行归纳分析，为人才培养方案的及时调整提供重要参考，并从评价结果角度进行多维度的智能化分析预测，从职业发展规划的角度提出建议，帮助学生建立职业发展规划框架。教育评价的效果要以学生未来职业发展方向和道路以及未来职业发展规划为依据，全方位地评析学生是否能够在社会企业立足，从而达到帮助学生更好地融入社会，满足社会期待和企业需要的目标。

第四节 创建以职业能力为核心的教学体系

随着当前信息化时代的蓬勃发展，越来越多的岗位和用人单位对于会计人员的专业能力有较高的要求，在新时期，对于高校会计专业来说，需要具备足够扎实的数据分析能力和核算能力，创建以职业能力为核心的教学体系，如图6-4所示。

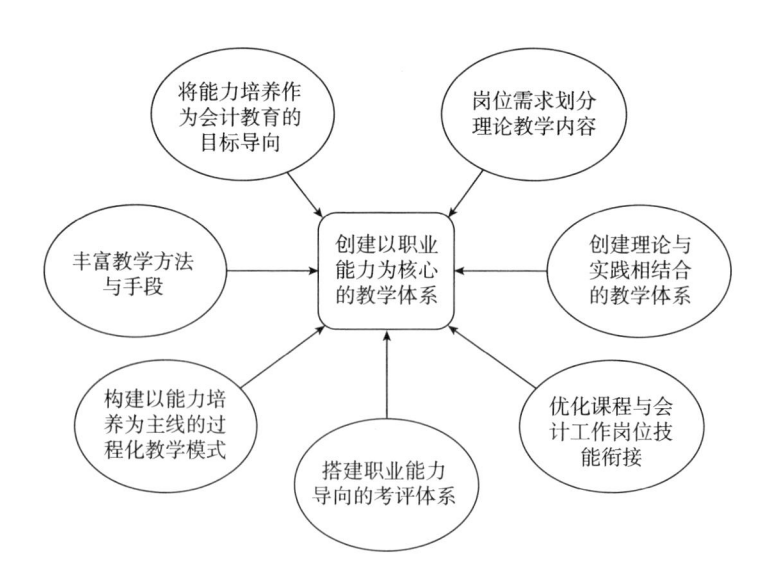

图 6-4 创建以职业能力为核心的教学体系

一 将能力培养作为会计教育的目标导向

（一）以岗位需求为导向提升学生职业素养

综合性的教学模式基于传统的教学模式之上，做了合理的优化和改善，根据原有的以知识摄入为主的教学方式进行合理调整，考虑到当前社会用人单位和各大企业的岗位用人需求，越来越多高校的会计专业将教学模式和能力培养作为会计教育的目标调整为以任务驱动式教学为主要教学方法，并在其中穿插着各种形式的现代化教学模式，力求更加多元化和科学化。树立会计教学目标，突出岗位能力培养，明确会计相关岗位的责任、权利和义务，在此基础上，用会计相关岗位的责任、权利和义务指导高校树立正确科学的教学目标。随着我国经济社会不断发展，尤其是信息化网络的快速发展，为了大大提高会计工作的效率，达到对应的任务完成度，往往需要相关会计人员明确个人的责任、权利和义务在规定的范围内进行工作，结合高校当前培养会计专业人才的目标，建立明确的会计工作责任机制。适应新的经济形势发展，加强自身的道德行为准则，自觉承担相应的岗位职责，履行相应的职业义务。在实践教学环节引入校企协同培养人才机制，全面兼顾岗位用人的多方面要求，锻炼和强化高校会计专业大学生实际的工作能力和合理解决实际问题的能力。

（二）采用综合教学模式，改变原有传统单一的教学模式

随着当前社会大数据技术的不断发展，会计课程建设的改革与社会相关企业和用人单位工作岗位的要求也在不断变化，会计课程建设与工作岗位的契合度问题逐渐受到重视。越来越多的企业和用人单位，渐渐改变了其原有传统的经营模式，当前企业的会计岗位要求与传统的需求完全不同，越来越多的企业会计职位需要转型和升级，加强会计课程建设与工作岗位的契合度，以此来适应快速发展的大数据要求。按照用人单位对于会计岗位的具体人才要求，选择合适的教学突破点，划分具体的岗位教学方法，并以此设定相对应的教学任务，合理设定出科学的教学任务。在课堂教学的过程当中，让学生明确课堂的教学任务是什么，所需达到的教学目标以及这背后的教学理念是什么，在学习完这堂课之后，所应当达到的教学效果。穿插实践教学

和案例分析教学等教学方法，也可以让原本枯燥的专业知识变得活灵活现，以小组合作和互动交流的方式增强学生个人的综合素质，培养面对数据处理时的发散性思维和创造性思维。将课堂的重心转移到学生个人身上，让学生作为课堂的主人，积极与老师进行互动，共同完成任务，教师的主要职责是在课堂中进行授课和沟通，解决学生的问题，而学生的主要任务是学习和实践操作，把学习到的知识划分为多个任务，以学习任务为导向，从传统的以知识为导向的模式中走出来，教师辅导学生，按照规定的任务，教师指导学生带着任务思考问题，带着任务进行实践操作，并在实践操作后，思考任务的完成效果和完成程度，从而不断在实践中自我进步，在实践中发现理论知识学习过程当中的缺陷和不足，查漏补缺，带着明确的任务去思考和解决问题，提高整体教学水平和效果。改变传统的以教师为主的课堂模式，让学生由原有的被动学习转化为主动学习，提高学生的学习积极性和课堂的活跃程度。

二　针对不同层次的岗位需求划分理论教学内容

（一）不同层次的会计岗位需求

从各大高校当前会计企业的职业应用能力划分来看，主要分为八个大的板块：针对会计专业财务会计核算能力方面，需要学生有一定的核算能力，这其中包括货币资金，存货固定资产，有形资产，无形资产股票，发行债券，社会企业营业收入与相关营业成本，包括营业后的利润形成与分配等多项核算能力。在财务报表编制与分析能力中，也包含了对于偿债资产运用转型，和企业常年增长能力与企业综合财会分析等多方面的能力，针对不同类型的上市公司，还要有相对应的财务分析能力。在成本会计核算方面，要求高校学生能够拥有材料费用分配、人工费用的分配，以及相关辅助生产费用和制造费用的分配能力。此外，在产品方面，具备一定的成本计算方法的设计与使用能力，对于这些费用的报表设计和分析能力同样重要。针对出纳实务操作方面，就要求高校的会计专业大学生可以熟练地使用各种技能，包括使用珠算和试算平衡的能力，具备一定的货币资金和各种形式的资金管理能力，对这些资金的数额，具备足够专业的结算方式应用能力。围绕各大企业的用人需求，占比重最大的板块是纳税申报与税务核算领域，针对纳税申报和税务核算，需要员工可以兼顾增值税、消费税、营业税等多方面的计算和纳税申报，财务处理的能力。根据社会的需求层次，着眼于城市维护建设税、教育费附加税、企业所得税、土地增值税、耕地占用税、契税管理费用四税的计算能力，并针对这些税务计算所需要的纳税申报财务处理有足够科学的专业能力。在财务管理方面，通常需要专业技术员工对于整个财务系统的预测与分析有足够准确地把控，不同形式的投资也对应着不同难度的决策能力，这其中包括证券投资资产的投资、经营投资等多个领域的决策能力，针对各种财务计划和财务资产价值也需要进行科学合理的评估。随着信息化时代的快速发展，会计企业也加入到了现代化科技的运营行业当中，当前，越来越多的企业和用人单位对于应届毕业大学生的会计电算化能力有一定的要求。如果各大高校没有及时关注到针对信息化的会计专业要求，可能在人才培养方面产生误差，与社会各大企业尤其是大型用人单位挂钩困难，针对会计电算化方面的能力，主要包括会计电算化系统的管理以及日常业务处理，包括月末转账、对账与结账的能力等。除此以外，也关注到专业人士在财务报表的设计和数据处理工资系统的云核算方面的基础能力，并能够运用相关的信息化设施，对固定资产系统进行一定的管理与核算。

（二）实现以市场需求为导向的教学体系创建

以往传统的会计专业课程体系往往较为单一，没有考虑到社会岗位的具体能力需求，在与会计工作岗位技能的课程衔接上存在偏差。现在将传统单一的课程体系按照一般会计岗位的要求进行细致的划分，明确针对会计专业所设立的各个职位岗位的能力需求，和社会要求明确划分理论教学体系的具体教学内容，使学生能够明确学习会计课程的目的是什么。明晰具体的岗位能力和教学目标之后，不仅可以进一步明确各大高校在会计专业的育人标准，从而更好地适应各企业和用人单位对于应届毕业大学生的招聘要求。落实到实际的课程教学模式改革上，针对不同层次的会计岗位，所对应的课程教学要求也不同，切实设置与会计工作岗位技能相对应的课程。针对以上八个模块的职业应用能力和具体的操作技能要求，各大高校会计专业的课程体系建设，可以在培养学生的基础专业知识和基本的职业能力的基础之上，围绕着企业的需求，通过与各大中小型企业进行校企合作，不断强化学生实际的工作能力。在实践中，注重倾向于学生实际操作的技能培养，并着重关注信息化，有效提高应届毕业生的岗位能力，帮助更多会计专业的大学生在毕业后发现自身存在的问题，不断提高自身的专业水平和专业能力，并且着重锻炼解决实际问题的职业能力。实现以市场需求为导向的教学体系的创建目标，帮助更多高校培养具有实际能力和社会价值的会计专业大学生，满足人才市场的需求，有效提高当代会计大学生的就业竞争力。紧跟时代发展步伐，深入分析会计岗位所需职业能力，以会计岗位能力为框架，积极优化学校的教学资源，通过个性化、智能化的学习，尊重学生的个体化差异，不断优化应用型本科高校会计专业的人才培养机制。

三 围绕企业需求创建理论与实践相结合的教学体系

（一）实现构建以岗位要求为导向的实践课堂教学体系

通过校企结合的方式，建立大学生会计专业实训基地，让更多的大学生能够将理论知识与实践结合，并在实践中，检验大学校园中所学的理论，不断发现自身的专业能力缺陷和专业知识的不足。针对以岗位要求为导向的实践教学体系，将目光着眼于培养学生的专业能力，循序渐进地摸索出最佳的实训方式和教学模式，构建以岗位要求为导向的实践课堂教学体系，帮助大学生建立自信，更好地投入到理论实践相结合的课程学习过程中。关注会计专业大学生实训过程的同时，也应当着眼于在学习基地的实践学习内容总结，例如在具体的会计模拟环节当中，甚至是会计实战操作当中，明确哪种形式的操作是正确的，哪种形式的操作是不正确的，或者哪些步骤应该做，哪些步骤是不应该做的，明确这些正确步骤的方式，甚至是在这些正确步骤的基础之上，进行精简和改良创新，针对一些陈旧的传统老套的方式，进行大胆的科学改良，从而使整个实践环节的操作更加真实，具有一定的可操作性和科学性，促进整体的实训环节更加熟练，能够有针对性地锻炼学生的专业能力和技能。及时发现实践过程中有可能存在的问题，对于错误的操作和不必要的操作进行及时的改正，从而促进下一阶段的专业学习和能力培养。

(二) 共同搭建职业能力导向的考评体系

加强校企合作强化职业能力，通过校企合作的方式，分析企业会计相关的岗位要求，高校和企业共同搭建职业能力导向的考评体系，从而完善和健全高效的实践教学体系。在社会、企业和用人单位的会计岗位设置上，往往会考虑相关单位会计岗位的发展现况和社会对于事业单位会计岗位的要求和变化，从而采取一定的应对措施，按照社会需求进行科学的设计和安排，明确每一个岗位对应的任务和要求是什么，避免脱离社会发展的节奏，避免与高校培养人才的计划脱节。在设置会计岗位的过程当中，需要考虑其设计的最终目标，按照实际的需求进行设置，综合考虑用人单位的人力资源，优化会计岗位内部的人力资源配置，与高效课堂教学相同的是，这里的岗位设置也可以采用小组合作的方式来进行分工合作，从而大大提升工作的效率，减轻个人的工作压力，一般情况下，中小型的企业往往选择聘用一个综合素质较高、专业能力过硬的会计专业人才，然而，考虑到实际情况，同一个人就职多个岗位，往往会带来很多负面影响，针对这一现象，就需要在会计专业人才引进的过程当中，考虑到更多可能存在的因素，根据社会经济发展的实际情况和岗位要求制定较为科学的岗位用人标准，根据相关企业提供的用人标准和岗位需求，通过加强校企合作，更好地强化各大高校会计专业学生的专业能力[1]。

四　优化课程与会计工作岗位技能衔接

具备基础的专业能力之外，还需要根据当前社会需要的能力，参与一些实际企业的会计案例，通过亲身参与到实际的案例当中，来锻炼大学生对于综合计算和综合分析数据方面的能力，而这些往往都需要各大高校与相关企业达成一致的培养目标，帮助学生争取更多的实

---

[1] 张晓莉、段洪成：《基于人工智能视角的应用型本科会计人才培养模式创新研究》，《黑龙江科学》2021 年第 12 期。

践机会。建立理论教学和实践教学同步的教学模式，培养更加具有社会针对性和人才创新性的社会能力和专业能力。这种以职业能力为核心的课程体系和教学模式的架构，通常可以使各大高校的会计专业能够培养出更加具有针对性的岗位人才。对于用人单位和各大企业来讲，提供这样一种检验理论知识的实践机会，可以让更多的大学生明确学习会计专业所需要达到的目标，从而投入到实际课堂学习当中，提高学生学习的积极性。目前，我国各大高校的会计专业在创建教学体系过程当中，往往要考虑社会相关企业的用人需求和高校本身会计专业的人才培养目标，综合各种因素来合理创建，针对各个年级、各个会计专业的教学体系，围绕着社会相关企业的需求，合理组织安排教学内容，并时刻关注这些用人企业和用人单位的招聘需求，以此为参考条件，合理组织高校会计专业大学生的教学内容日常教学安排。在注重本身专业实际基础内容的同时，也关注到社会各界的需求，为社会的发展培养人才，为国家的发展奉献力量。根据当前各大企业和用人单位的会计岗位招聘要求和能力需求，各大高校可以创设以职业能力为核心的理论教学体系，将原有的理论教学体系划分为更加细致的多个模块或多个层次。由于社会各大中小型企业和用人单位对于会计企业的招聘要求不同，导致对其相对应的职业能力需求的方向也不同。因而，高校在创建理论教学体系时，应当全面考虑以当前社会对于大学生职业能力多个层次的需求，将岗位需求落实到课堂中，使之能够成为多种层次和多个板块的课堂教学[①]。

五 搭建职业能力导向的考评体系

与高校会计专业大学生的实践训练表现和成绩相结合，对学生实训基地实践的表现进行具体的评价，可以激发学生对于课堂专业知识的积极度和专注程度。教师设置规定的实训步骤和具体的操作流程，学生按照规定进行演练和具体操作，教师和其他实训的人员根据学生的操作行为进行打分，自己打分不局限于传统的划分等级，也可以是

---

① 赵志恒等：《应用型本科院校会计专业人才培养基本问题探析》，《时代金融》2018年第20期。

教师根据学生现场的表现进行及时的评价，并及时指出问题，有针对性地讨论出有利于培养会计专业不同领域的专业能力，及时地指出会计专业大学生在实训操作环节过程当中有可能存在，或者是已经表现出来的各种失误和潜在问题，并针对这些问题尽可能地解答学生的疑惑，搭建更加科学合理的职业能力导向的考评体系。其最终目的是通过实践考核，查漏补缺，增强学生的专业自信，提高会计专业大学生的综合素质能力，考核的设定应该以企业岗位要求为导向，围绕实训基地的主要训练内容，有针对性地锻炼会计专业大学生各个方面的专业能力，包括财务会计核算能力、财务报表编制与分析能力、出纳实务操作能力、纳税申报与税务核算能力，以及根据社会的需求，对于整个财务系统的预测与分析能力、审计方面的能力等。针对建立能够反映岗位技能水平评价机制，主要包括学生自主独立评价总结、学生与学生之间小组讨论，不限于小组的人数和讨论形式，专注于解决学生与学生之间在实训的过程和实践环节当中遇到的各种问题，有针对性地讨论出相关的解决办法并总结经验。此外还包括高校教师直接评价总结，高校教师可以通过观察并且记录不同学生在实习过程中的表现，有选择性地分析和总结出该学生或这些学生的优点和不足，针对学生的优点进行及时的肯定和表扬，而针对专业学生的不足，也要及时提出批评，如果可以的话，给予一定的改进意见和措施。教师和学生一起讨论，师生共同讨论，不仅可以帮助学生发现实践过程中没有注意到的问题，也可以给予学生进一步提高自身能力，锻炼自身专业素质和职业技能的机会，通过与教师之间的专业交流，提升自身的专业技能和时间沟通能力[①]。

六　构建以学生为中心、以能力培养为主线的过程化教学模式

（一）结合线上与线下的双平台共同发展

实现理论与实践课程同步，加强会计课程建设与工作岗位的契合度。在具体的实践教学过程中，往往会面临着时间和空间等多重问题

---

① 周锦鑫、毛腊梅：《人工智能时代应用型本科高校会计人才培养模式转变探究》，《今日财富》2019年第17期。

的挑战和限制，针对这些问题，可以采取实践课程与理论课程同步。线上与线下双向共同发展的形式，针对理论教学和实践教学的具体内容，分别设立专项化的实训任务。结合会计课程建设和社会各个用人单位和中小型企业的岗位要求，不断加强会计课程建设与工作岗位的契合度。在以任务为导向的教学方法的引领下，将具体的实训任务分为单项的简单任务和综合的复杂任务，让学生自主选择合适的方式去发现问题和解决问题。在此基础上，学校或用人单位也可以对学生进行综合的实训，以考查学生综合素质和对于知识的融会贯通的能力，通常情况下，经过一系列单项简单的实训和较为复杂的综合任务的训练之后，不仅可以培养学生的实践应用能力，还可以让越来越多的高校会计专业大学生了解到会计课程建设与未来的工作岗位之间的关系，以及毕业后如何选择适合自己的会计领域进行长期工作，了解会计课程的建设的价值和重要程度，这种理论与实践课程相同步的教学形式，可以帮助他们对知识进行融会贯通和梳理，不断锻炼和提升个人的专业技能和综合素质。

（二）以合作式的教学方式带动整体课堂教学的氛围

按职业能力框架设计课程体系，通过合作式的教学方法，不仅可以培养学生团队之间沟通交流的能力，还可以通过小组形式讨论任务，在实践的过程中，突出难点，突破实践教学重点。在实训操作的环节中，教师和相关企业的辅导人员也可以设立相应的任务，通常情况下，可以设定一个总的任务，任务之下设立多个任务分支，组织学生自主组成队伍，以小组的形式共同合作，共同完成任务目标。总任务下划分为多个不同形式的子任务，而不同的任务也对应着不同的能力要求，通常情况下学生可以选择四人一组或六人一组，而这四个人或六个人需要各自领取相对应的子任务，分配到各个不同的岗位中，完成各自的任务，这些任务主要锻炼会计专业大学生的数据计算与分析能力，审核数据并填制原始凭证的能力，审核原始凭证并填制记账凭证的能力，审核记账凭证并登录相关信息和数据的能力。这些能力的锻炼，也对应着不同的岗位，在小组成员完成各自的子任务之后，再进行任务汇总和分析，从而攻克下一个任务目标，每一个子任务的完成，都是向最终总任务的迈进，在这个过程当中，会受到很多因素的影响，需要组内合理沟通，不断地调整各自的岗位，进行岗位之间的轮换，事实上，以合作式的教学方式，在带动整体课堂教学氛围的同时，也可以不断锻炼成员之间的沟通和交流能力，在任务完成后，每一个小组成员都对应着一个岗位，而任务达成的情况如何，往往能够直观地表现出来。合作式的教学方式相较于案例教学法和任务驱动式的教学方法来看，往往能够更容易地表现出其应有的课堂效果。

七　丰富教学方法与手段

随着经济社会的发展，针对会计专业领域的教学内容也随着时代的变化而变化，尤其是近些年来，科学技术的不断发展以及信息科技生活的普及，越来越多的领域涉及会计专业相关的知识，传统的教学手段已经逐步落后于现代化的教学模式，改变传统单一的教学模式，将能力培养作为会计教育新的目标导向。此外，传统的教学模式和教学手段往往采取单一的输入式教学，教师和学生之间的沟通仅仅存在于线下，而通过引入现代化的教学手段可以大大提升师生之间的互动和沟通，让知识输入和输出更加直观、更加科学合理，也能够最大程度上提高学生的学习积极性，通过线上线下相结合的方式，在课堂教学中嵌入职业能力的训练，从多方面多角度锻炼学生的专业能力和职业素养，有效提高会计专业大学生的就业竞争力。

1. 充分引入案例教学法

结合会计专业大学生的课堂现状，创设相应的教育教学场景，利用现代化的教学手段，带动学生的课堂积极性和师生之间的互动频率，不断增强学生对于课程专业知识的了解，在最大程度地激发会计专业学生学习专业知识的兴趣。在以案例教学法为主要教学方法的教育教学过程中，往往以案例分析为中心，对于案例当中的相关内容进行细致化的分析与研究，以事实案例为基础，以相关知识要点为导向，不断引出更多的专业技能知识，除此以外，以案例为主要研究对象，可以让学生能够在较为真实的情境中体验案例，在此基础上，结合现代化的多媒体教学手段，加以图片和视频的形式，能够最大化地激发学生的学习兴趣。对于相关会计专业案例的分析和研究，也可以帮助更多的会计专业大学生在实训的过程当中验证猜想，进一步巩固专业知识，提高学生的实践应用能力和真实情境当中的动手操作能力。这相较合作式的教学方法和任务导向式的教学方法，能够更加具有真实可操作性，在实际操作当中，也能够不断巩固会计专业大学生的基础知识，以案例为出发点，通过创设相应的教育教学场景，利用现代化的高科技教学手段，有效达成提高师生课堂互动的频率和进一步学习的积极态度，围绕着相关企业的要求，不断巩固和拓展会计专业大学生的实践能力和实践效果，提高实训技能经验。

2. 在课堂教学中嵌入职业能力训练

引入现代化教学手段，推进会计电算化的实践教学，构建会计专业多媒体教学平台。构建会计专业多媒体教学平台，主要可以从线上和线下两个方面入手。线下主要还是依照原有传统的教学方式，针对会计专业的课程内容特点和课程难点，合理安排教学进程，在此过程当中，可以适当加入一些现代化的多媒体设施，使整个课程教学的过程更加生动形象。多媒体教学和多媒体平台往往能够给予课堂更多活力，相较于传统的书本灌溉式的授课方法，利用现代化的教学手段，可以使整个教学内容更加活灵活现，在教学过程当中，不仅仅是文字、图片和视频的加入，也可以在很大程度上加深大学生对于会计专业理论教学相关专业知识的理解。例如，PPT和微视频等的多样化教学手段非常适用于会计专业的课程教学，这主要是针对会计专业的课程内容特点来说，其教学内容往往包含诸多数据分析图和数据统计图，需要学生根据这些图表进行进一步的分析和数据整理，并对具体案例当中的财务进行分析和预判，而使用PPT和微视频的形式，则可以让学生更加直观地了解到这些数据的来源和走势，呈现方式也更加直观可感。线上与线下教学相结合的方式越来越受到各大高校的青睐，针对会计专业来说，可以充分利用学校的相关教育教学平台，在网络平台上带动教师与学生之间的积极互动，这种线上的交流沟通，往往不会受到时间和空间的限制，也更加利于学生和老师之间进行互动交流，保障各教育环节的顺利进行。

3. 从多个层次、多个维度锻炼会计专业学生专业能力和综合素质

在注重教学的过程化的同时，关注学习和教学方式的多样化，关注课堂理论学习和实训过程当中的具体表现，能够全面地反映学生的专业能力和综合素质。结合诸多中小型企业的会计实际工作，以及当前各大高校会计专业的教学模式来看，在实践教学环节引入校企协同培养人才机制，已经逐渐受到各大企业和高校的青睐，越来越多的企业倾向引入现代化的软件，帮助企业进行合理科学的财务管理，由原本的人力财务管理，渐渐地转化为科学化的软件财务管理，不仅仅大大提高了财务管理的科学性和精确程度，还避免了可能出现的诸多问题，例如财务差错税务、偷税漏税等情况的出现。信息化时代也进一步推动了这些中小型企业选择高精尖型的软件，帮助企业实行更好更科学化的财务管理。部分高校开设的财务应用相关课程，仅是对表面的知识进行讲解，并不能够吸收这些课程的内容，且相关课程体验感不佳，并不能够达到理想目标。在实践教学环节引入校企协同培养人才机制，需要大量现代化的教学手段的投入和支持，落实到课堂教学当中，则是需要教师对课程内容和不同的模块进行详细的讲解，并针对这些讲解落实到实际的行动当中，对学生的操作进行切实可行的实地指导，以这样的形式减少课堂教学和实际操作之间的差距。会计专业的课程特点主要表现为课程内容繁杂，数据化的成本计算数量多，考验学生的专业素质能力。而通过现代科学技术的引入，能够更加适用相关企业和用人单位的岗位需求，将更多的精力应用于实际操作当中，能够合理分配专业时间和专业精准度，不断推进会计电算化的实践教学，推动课堂理论与实训基地实践相结合，对于大学生的专业培养和人才计划的达成，都有一定程度上的积极影响。

第五节 拓展产教融合校企合作教材开发

校企合作模式下的教材和单纯的会计专业教材有所不同，它需要综合考虑企业、高校和社会政策要求这三个方面，从多个角度出发，

综合考量，如图 6-5 所示。

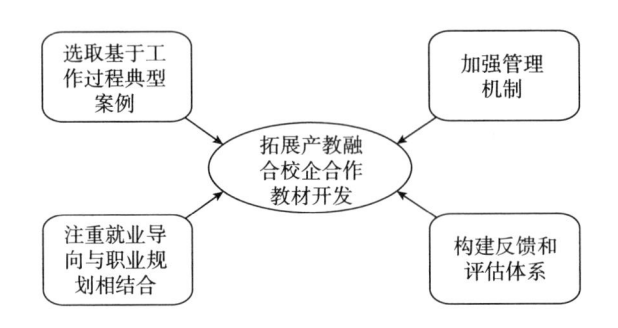

图 6-5 拓展产教融合校企合作教材开发

一　产教融合校企合作教材特征

产教融合校企合作教材特征主要包括统一性、特色性与创新性。

第一，统一性。从校企合作教材的统一性和多样性角度来看，统一性主要指的是在总体开发思想上、开发依据上的统一，校企合作要求高校和企业之间达成紧密的合作关系，以就业为主要导向，在此基础上，统一教材建设的主要思想，形成一个完整的框架，在该框架的建构之下，以培养人才为最终目标，致力于建设科学完善的应用型本科会计专业教材建设体系，越来越多的高校采取了线上与线下相结合的教学模式，通过融合多种教学资源，不断满足高校对于专业学习的多样化需求，高校和企业达成合作，采取多种形式的教学模式，提供电子课件、电子视频、音频等形式，致力于提高大学生的学习效率，以多样化的教学手段刺激高校学生的学习积极度，最终目的都是为了服务受教育群体。编写教材中所需要依据一个共同的框架，所有的参编人员需要在这个共同的框架之下进行后续的课程设置，而有关的实践性和理论性的学习内容，也需要严格根据有关共同性的要求，确定好教学的方向，坚持以提高学生的专业知识水准和实践学习能力为导向，提高高校会计专业大学生的实践能力。

第二，特色性。教材中的亮点和特色，通常表现为教材内容上的新颖性和独特性，校企合作的教材编写模式与其他形式的教材编写有所不同，这里的不同能在很大程度上体现所合作企业的独特性。教材编写也会给高校和企业带来新的编写方向，从而促进校企合作教材的特色发展。教材所编写的内容和思想，对于教材学习者的有用程度，如果学习者在通过阅读和后期实践上能够充分体现该教材的思想，并且能够将教材当中的相关知识应用到实践当中。

第三，创新性。校企合作教材对于创新性的要求较高，而这个创新性主要指的是教材内容和教材形式的创新，教材内容方面的创新主要是指根据一个或多个会计专业的问题或详细情况进行分析和研究，在符合学生专业知识学习的认知基础上，从创新的角度阐释解决问题的思路。改变原有校企合作编写教材的形式，通过高校和企业的深入研究，在原有的基础上进行改变，突出高校大学生企业实践岗位方面的实际问题。对于校企合作教材建设来说，需要同时兼顾高校会计专业大学生的就业需求和学习需求，以及相关企业在用人方面的人才需求，不断进行校企合作教材在内容上和模式上的创新。

二 选取基于工作过程典型案例，开发立体化全方位的教学资源库

校企合作模式的一大优势就是能够通过相关企业人员的经验分享，选取基于工作过程中的一些专业典型案例，将这些典型案例规范化、科学化地应用到课堂教育教学过程中，从而开发出一种立体化的、全方位的教学资源库。利用企业相关参编人员的经验优势和高校教师的理论优势，不断将这个教学资源库扩大化、完善化，让高校大学生在教学资源库中，找到相关工作过程的典型案例进行学习和模仿，这就解决了会计专业唯知识论的问题，同时也能够给予大学生更多社会实践的机会，通过了解真实的社会案例，将理论学习落到实处。与此同时，还可以聘请一些行业企业的专业人员，在高校教师的帮助之下，与高校大学生进行直接的交流与学习，通过真实可靠的沟通与交流，切实了解行业未来的发展趋势和相关行业、企业的岗位需求。开发立体化、全方位的教学资源库来解决目前校企合作下开发的教材普遍存在的政策更新不及时的问题，加强企业与高校之间的紧密

联系，帮助更多的高校大学生及时掌握相关企业单位的用人需求，与产业岗位需求紧密结合，及时了解会计专业的最新动态，以及会计行业前沿信息在企业当中的具体应用。

三 加强管理机制，成立教材开发委员会，教材体例具有创新性，突破原有学科体系

要加强校企合作教材编写的管理机制，让教材编写更加规范化、合理化，就需要相关人员的制约和监督，因此，成立教材开发委员会，加强校企合作的针对性，避免管理机制上的疏漏和漏洞，可以解决目前本科高校和企业之间参编人员比例失调的问题。成立教材开发委员会，不仅可以避免相关教育出版社重复开发相同的教材内容，还可以有效地协调本科高校和企业之间参编人员的比例，并且根据相关企业用人单位的需求和社会发展的相关政策要求，有针对性地改进教材编写的内容，对各个需求岗位进行深入的分析与研究，完成教材所需要的理论知识与实践知识，突破原有的学科体系，找出学科体系当中的短板和漏洞，突出重点，突破难点，利用新方法、新技术满足新需求，解决新问题。建立行业企业参与的保障机制，完善激励机制。通过建立行业企业参与的保障机制，邀请有关会计专业为导向的龙头行业企业的相关专家学者，并适当给予企业参编人员相应的待遇和报酬，与高校会计专业教师和研究员进行深入的交流和沟通，综合考虑企业未来发展和高校会计专业教材教学模式以及教育教学方法等多个方面，通过讲座学习等多种方式，将企业发展理念和实践经验投入到高校会计专业大学生的课堂教育中，并将这些实际的经验与发展理念编入校企合作教材中，将理论知识与社会实践相结合，不断完善相关激励机制。通过预测行业未来的发展趋势，结合现代化的教育教学方法，将企业相关实践理念恰当地应用于教材中，让学生牢牢地理解并掌握专业知识和相关实践方法，进一步提高教学的质量和学习的效果。

四 注重就业导向与职业规划相结合，明确教材开发的体系

由学术本位转变为能力导向，职业分析与学科有机融合形成教材内容，更新专业学习观念，将理论知识学习与实践相结合，不断在实践当中检验理论知识的真理性，从而更好地提高个人的专业能力和职业素养。由学术本位转变为能力导向，同时需要高校、教师和企业相关人员的共同努力，将职业分析与学科有机融合，形成新的教材内容，将实践经历和真实案例分析编入教材中，从而提高高校大学生对于相关实践经验的重视程度，促进学生专业综合能力提升。要建设基于多元评价主体的评价指标体系，由理论学习转向就业指导，注重就业导向与职业规划相结合，仅仅依靠校企合作教材的理论学习，并不能够让高校大学生真正了解到未来就业的价值和职业规划的重要性，通过明确教材开发的体系，将校企合作教材建设周期中涉及的各个主体进行合理的规划和分配，从而通过不同的视角，让教材开发能够有一个或多个新颖的角度，将本科阶段的理论学习与毕业后的就业指导紧密结合，帮助更多高校大学生理解企业岗位用人的具体需求，在职业规划当中，提高本科高校会计专业大学生的就业率，完善校企合作教材开发的体系建设。

五 构建反馈和评估体系，实现校企合作教材评价体系的细化与量化

近年来，随着会计行业的发展，会计工作的内容也发生了巨大的变化。传统会计工作主要针对财务数据进行核算、统计与监督，为信息使用者提供相应的数据支持。而在新时代背景下，为了使会计行业能够适应时代发展需求，会计工作的基本职能也由最初的财政数据整理、核算与监督逐步扩展到预算、管理以及分析等多个方面。会计行业工作性质的转型与升级，势必会对会计人才的工作能力提出更高的要求。然而本科阶段的教育教学在内容上大多趋于统一，要想真正提高校企合作教材的质量，就需要构建一套合理科学的反馈和评估体系，通过建立一种专门针对校级合作模式下的教材评价制度，将校级和多教材评价体系进行量化与细化，最后，以综合评分的形式进行总体评价，让校企合作教材的评价更加具体化和专业化，能够达到专门针对本科专业学生的学习发展要求。通过这样一套细化与量化的评价体系，才能更好地发挥校企合作教材评价体系对于高校会计专业大学生理论与实践学习的导向作用，并且通过一套科学合理的评价体系，

贯穿整个校企合作教材编写的过程中，促进教学理论知识和相关专业内容与企业的实际发展相结合，最终达成学生、高校、企业三方面的协同发展和进步。

第七章　应用型本科会计专业人才培养前瞻

  对于人工智能及产教融合时代新型人才培养模式而言，课程体系、教师力量和实践平台缺一不可。积极进行课程体系改革，并加快推进产教融合实践平台建设工作，共同发力，提升产教融合力度。通过校企通力合作，架构多元合作发展机制。通过人工智能信息平台及时吸纳会计行业出台的新政策及新的作业方式，结合会计行业新标准与岗位变换需求，对教学课程内容做出整改，融入最新行业标准，更新教学内容，使学生能够及时了解新政策要求，掌握新技能，促进会计行业与教材内容同步发展。充分发挥政府引导作用，保障政府及时对产教融合各主体进行指导，并给予监督，鼓励校企人才互聘制度落到实处。通过实行工学交替，让教师参加相关的专业经验交流；同时还要引企入校，为学生的校外实践提供实训平台。创新基地共建、资源共享、共管机制，构建符合产教融合的校企合作发展机制。通过多层次主体的共同参与，架构多元化人才引进机制，提升会计专业人才培训工作的时效性，强化校企双方的协同发展。伴随新一轮经济发展与人工智能的到来，会计人才的培养模式也迎来了新的机遇与挑战，在人工智能背景下，推进产教融合需依靠多元化主体共同参与，只有深化校企对接，助力企业深度参与院校的课程实施，才能更好地促进人才培养融入企业需求。

第一节　以智能时代会计岗位群所需职业能力为框架

云会计从本质上讲属于信息服务系统在会计工作中的应用。由软件开发商搭建云处理平台，平台上可以操作一些会计事宜，使得云端系统和传统会计操作结合起来，实现在平台上进行会计处理。在云端系统的帮助下可以线上完成财务会计操作，为企业提供快捷高效的会计服务。企业可以根据自身需求与系统开发商进行合作，定制适合企业自身的会计服务板块。云会计属于新兴的财务操作系统，其对比传统财务系统具有一系列的优势。云端服务开发成本是由系统供应商承担的，企业只需要在系统供应商搭建好的框架中选择自己需要的服务板块，根据服务板块的不同支付一部分费用即可，不需要支付自主开发搭建系统的巨额费用，能够有效缓解企业的成本压力。系统开发商可以自行对云端会计系统进行维护和及时更新，将会计行业最新的法规和相关政策融入系统运行细节中，及时对系统进行升级。企业可以根据自身的实际需求对云端功能进行增删和选择，还可以开放一些自定义和定制化模块。另外，云端系统还具有充分的安全性，软件开发商会配备专门的技术团队保障系统的稳定运行。

随着智能时代的到来，传统烦琐、重复的核算岗位将逐渐被人工智能和财务机器人取代。而针对更高层次的技术要求的岗位人才需求量则会大幅度增加，这也对会计人才在未来的工作中提出了更高的要求，要求会计人才除了具有基础的业务核算、管理能力，还应当具备熟练掌握人工智能运用的新技术。因此，在传统的会计核算岗位当中，对于人工智能时代的会计人才培养，必须以满足智能时代发展需求为框架，推进会计专业的产教融合。具体实施需要在现有的职业能力培养基础上，以职业能力培养为核心、以人工智能时代的会计岗位需求为框架、以产教融合培养为方式，通过整合行业、企业、学校等多元主体，共同搭建共享平台，优化学校教学资源，切实提升应用型本科高校会计专业人才的实践技能，通过顶岗实习培训，加深对会计专业工作内容与岗位职责的了解，顺利完成向工作岗位角色的转变。另外，对专业人才培养要求要按照国家有关文件规定及学校专业教学规范，结合办学实际，科学确定专业化人才培养目标，明确培养素质、能力、知识要求，以企业的真实生产环境为导向，鼓励企业与学校完成双向对接，形成校企双方主体利益共同体。

一 构建智能时代会计岗位群

重视智能时代会计岗位职业能力框架和市场变化，积极优化学校教学资源，引进先进的教学设备，为学生提供更优质的实践课程条件，利用人工智能在便捷、高效方面的优势，积极开发智慧课堂教学创新模式，以适应行业发展需要。在人工智能及产教融合时代应用型本科高校会计专业人才培养需要及时更新教育观念，积极利用跨界思维，打破传统教学观念局限，增加实景教学等创新教学模式的比重，促进会计专业人才的跨界融合。当前会计专业人才培养多以学生职业素质和能力培养为主，与新商业时代企业会计工作整合的需求尚未达成共识，职业素质和能力定位存在诸多不确定因素。人工智能在为会计行业带来便利的同时，也在不断改变着行业格局，各应用型本科高校要提升会计专业人才培养质量，需要不断完善产教融合程度，优化产教融合质量，积极进行仿真实训项目建设和推进会计专业职业体验平台构建。新时代会计行业除了在职业能力定位上保留传统的职业道德和人文素养要求外，强调会计人才需具备掌握大数据分析的专业能力，提升会计应用型人才的培养质量，需要对人才教育模式进行有效创新，并通过利用跨界思维创新校企合作模式，以需求为导向进行人才培养目标定位、专业课程资源建设、教学内容与教学方式改革、专业实践教学平台搭建、教学创新团队塑造、人才培养质量提升等。此外，还应开设数据挖掘、数据分析、数据管控与创新实训等课程，通过大数据应用和会计行业的跨界融合，推动会计工作人员从传统的思维向共享思维的转变，从对业务洞察转向对新技术的洞察，有效提升学校和企业的沟通质量，使学校能够更好了解企业的人才定位，帮助学生完成从技术型人才向复合型人才的转变。

二 建立以先进的科学技术为导向的教学资源体系

（一）构建以交互性为特点的教学资源交流平台

加强科学技术要素比重，对现有学校教学资源进行整合和及时更新，为产教融合整体项目提供技术层面的有力支持，为学生提供良好的实践课程学习资源。本科院校会计专业教育改革必须结合会计行业最新发展趋势，从会计行业整体发展趋势来看，财务智能机器人的出现大大提升了会计工作效率，一些基础性的重复工作可以通过财务智能机器人来进行。相关专家需要及时对教学资源系统进行评估，保障教学资源系统的先进性、科学性、实用性。构建以交互性为特点的教学资源交流平台，打破时间和空间的限制，通过教师之间、师生之间的多维度沟通，为学生提供全方位立体化的指导，解决在学习过程中遇到的各种实际问题，通过多元化融资手段保障科技引入的资金支持，加快高校的教学资源优化进程，引领应用型本科高校会计专业教学向专业化、信息化转变。通过与学校共建实践基地的形式，将行业内会计岗位的运用流程在实践基地中进行训练，以理论实践一体化的思维开展对会计人才技能的培养，通过健全的内部培训制度以实践为主导，开展会计专业人才的培养。

（二）建设多元化系统化的课程体系

在应用型本科高校会计专业的人才培养过程中，跨界思维的建立能够有效引领高校教学方式的升级，将会计专业课程设置与其他学科进行交叉融合，建设多元化系统化的课程体系，实现不同领域知识的有机结合，提升学生的跨界思维和跨领域能力。在跨界思维影响下，高校和企业有望实现良好沟通，构建协同育人的培养理念，使校企合作思维融入会计专业人才培育的各个环节中。将企业人才需求传达到高校中，渗透到会计专业人才培养过程中，同时又将学生的各项在校表现提供给企业，作为企业构建人才储备库的重要数据资源。借助互联网技术与教育领域的跨界融合为契机，以市场和行业发展为导向，发掘更多的产教融合渠道和共同利益点，有效实现传统教学模式的层级性优化。因此，对于会计综合能力的塑造应当注重有关管理决策等职业判断领域，打造会计从业者的核心竞争力，加快财务人员从核算向管理转型的速度。当前我国本科院校会计专业课程体系中，关于管理会计的内容相对较少，有的还缺乏管理会计相关的实践课程。为此，必须加强管理会计综合能力的培养和实践课程的构建，以适应大数据时代的发展趋势。要调整管理会计所占比重，推出相应管理会计实践课程，通过现代企业虚拟仿真综合实训等课程，向学生展示市场运行和企业经营的模拟流程，让学生能够积极运用会计专业知识，进行企业发展前景和市场发展动态的预测，出具科学决策建议，进行企业经营活动的合理规划。通过管理会计实践课程体系的构建，帮助学生加深对于管理会计重要性的理解，并不断提升其战略管理能力和风险管控能力，培养学生的分析能力和职业判断能力，有助于形成科学的管理思维体系。

三 精准定位智能时代会计岗位群所需职业能力

针对现有会计专业教学资源情况，应用型本科高校需要提升人工智能技术在教学过程中的应用，打造会计教学数据库。数据库中需要包含会计专业人才培养过程中所需的各项课程资源和素材等，并且将线下教学和线上教学相连接。开放精品课程、线上测评、自适应评价等小模块，并通过在线云课堂建立学生档案，了解学生的学习进度。构造智能时代会计岗位能力模型，帮助学生实现知识基础、业务能力和综合能力的提升。借助大数据技术，发挥人工智能在信息采集、分析等智能化优势，收录新颖的会计专业教学设计和实训案例，并不断开发适用于会计专业教学的视频、图片、多媒体素材，满足学生对于教学资源的需求。在人才培养计划中，需要面向未来，顺应时代的发展趋势，在信息化时代和智能化机器人发展的当下，面临信息技术智能的冲击，本科院校在人才培养过程中，也需要打破传统的教育模式，通过教育转型和创新人才培养模式，发挥专业优势，通过知识能力与实践能力框架的构建，提供符合区域经济发展的创新型技术人才。在人工智能及产教融合时代，会计专业人才不仅要学会会计专业的相关知识，掌握技术能力，同时也要适应技术化、智能化等云计算技术。在人机互动的过程中，根据学校的实际情况，会计专业可以通过财务机器人的引入，提高学生对于专业的认可度，更好地了解目前会计专业的信息化程度和智能化水平，促进整体应用型本科高校会计专业人才模式的转变和创新。

四　加快构建课证互通的课程体系

对现有教学模式进行科学化、分层化设计，完善层次化的教学指标。要保障校企合作质量，提升应用型本科高校会计专业人才的综合素质，需要紧密对接行业发展链条和产业建设，优化分层教学模式指标体系，促进合作保障机制和激励机制的不断优化，实现教育组织形态和服务的多元化发展。创新会计专业课程体系，打造实践教育闭环，加快财务综合实践中心的建设，改变传统会计教学单一课程实训的模式，以适应时代发展要求和市场需求变革，实现跨学科的工作岗位需求。要准确定位会计专业职业能力新标准，以此为依据重新提炼专业知识架构，以产业发展为导向，建立会计岗位职业活动的互通体系，打造能力递进的阶梯式课程体系模式。在构建会计资源库之后，应用型本科高校还应建设真账实验室，与会计专业的实际操作结合，帮助高校与企业在产教融合的过程中更加接近实践，贴合企业实际。通过业务和教学的有机结合，帮助高校和企业在校企合作的过程中能够互通有无，资源共享。在建设实验室的同时，通过课程体系、信息化内容的创新，使得传统的课程体系能够配合实验室的实践教学，帮助会计专业的学生在了解数字技术和信息化技术的同时，不断提高自己道德水平和信息化计算能力。在国家不断提高教材内容和数字化教材覆盖范围的同时，不断提高教材的实效性和完善性，在电子教材和实验室的双重帮助下，提升学生的专业能力。

五　剖析新的行业发展趋势对会计专业人才提出的职业定位与能力结构需求

大力推进产教融合的力度，从课程体系的不断优化升级和校外实践基地建设等方面实现人才培养模式的创新，优化产教融合质量。结合人工智能与产教融合背景，积极推进应用型本科高校会计专业课程改革，在企业的参与下重构教学课程模块，优化课程体系，为会计专业人才培养模式创新奠定基础。将最新的会计行业标准和行为规范融入课程体系中，对传统的会计专业课程体系进行整理优化，加入新政策、新行业元素，保障会计专业教材及课程模式的及时更新，实现课程体系结构的整体升级。加强企业的参与度，从市场角度和自身岗位需求角度重新审视会计专业人才培养目标和模式，由学校和企业共同发力，打造课证互通渠道，将课程体系结构优化的各项工作落到实处，在带领学生巩固传统会计核算能力的基础上，不断向智能化、信息化管理会计方向转变，提升学生职业素质。随着互联网技术的不断发展进步，在人工智能的时代背景下，会计专业人才培养模式必须不断优化产教融合，使高校和企业能够实现有机结合，联合政府、行业等多个主体，通过长效稳定的运行机制，产学研能够有机结合起来，达成高校和企业之间的战略合作关系，借助战略合作协议，保障双方参与产教融合的各项权益，使各主体得以和谐共存，协作发展，服务于区域经济建设和国家整体经济结构的转型升级。由校企共建的仿真实训平台能够跨界培养学生的实操能力，提升创新意识和综合竞争力，打破不同领域的局限性，实现学校人才培养与企业生产经营活动之间的有效连接，提升学生的学习积极性。

六 将大数据对会计岗位的影响嵌入新时期人才培养

（一）大数据对会计岗位的影响

基于大数据环境下企业信息更新速度快的现状，企业需要建立大数据会计信息系统，从而实现大数据时代对会计信息的收集和使用，为企业相关决策提供有力依据。在大数据时代，企业不但是作为个体存在，还是产业领域中的一员。为此，要根据企业在市场中角色定位的变化，建立大数据会计信息系统。在会计信息系统中，供应商可以提供云计算服务，通过访问权限规则的设置，实现企业信息的保密。

其次，可以赋予会计信息系统在信息存储方面的功能，缓解企业在信息存储方面的压力。通过云系统保护机制，实现用户端行为的规范和储存在云系统中信息的有效保护。另外，还要通过不断完善企业内部控制质量，健全数据质量的评估制度，强化数据应用和分析。在大数据环境下，企业可以通过数据共享等功能，提升企业获取信息的时效性。还可以运用各种大数据工具，使企业信息资源的准确性得到全面优化。在大数据会计信息系统的帮助下，会计人员可以获得符合需要的有价值信息，并为管理层出具财务报告和相关政策的执行方案。还可以积极进行企业自查，发现当前企业运行过程中可能存在的一些漏洞和问题点，实现企业的运行秩序稳定。

另外，可以利用企业会计信息系统的云计算等功能，帮助会计人员进行有价值信息的挖掘和搜索，扩大可用信息的来源。大数据会计信息系统需要配备完善的保密机制，对服务用户进行有效筛选。尤其是在服务商的准入方面，要对其自身资质进行严格审查，保障数据存储的可靠性和保密性。为此，在会计信息系统保密机制中，可以依照不同的职位进行权限设计，拒绝非法介入或者无权限的访问，从而在大数据环境下保障信息的安全性，防止企业核心信息的泄露。虽然大数据是时代发展的必然，也对行业进步起到了引领作用，但毕竟大数据作为新兴的事物，在推广和应用的过程中容易存在一些突发性的问题，通常这些问题都是不可预见的。为此，企业会计人员要提升对于大数据运用的意识，建立关于大数据技术及对会计岗位工作模式变革的正确认识，使大数据价值能够实现最大化。

（二）提升对于大数据的整体运用意识

在大数据时代背景下，企业会计人员要积极抓住大数据技术为企业会计工作带来的新机遇，以稳定的心态面对大数据在信息安全、信息储存方式等方面形成的巨大挑战。在企业会计和财务管理运行过程中，会计信息处理人员可以积极开辟互联网渠道，学习行业内先进企业在进行大数据运用方面的成功经验，并且通过目标企业和企业自身的情况对比，从企业实际出发，寻求成功企业经验与企业自身的契合点，找准适合自身企业大数据技术运用的具体方法。企业要为会计岗位人员提供丰富的培训机会，借助外部培训和学习的方式为会计岗位人员及时更新意识，对大数据技术形成更加深刻的认识，并逐渐适应大数据技术背景下会计工作的新模式。另外，企业领导层也要积极开展意识变革，发挥带头作用，正确认识大数据能够对企业会计工作带来的益处。企业内部要定期开展一些基于大数据环境的活动，或者通过举办大数据技术岗位竞赛等，让企业员工意识到企业关于推行大数据运用的决心，也逐渐领会到大数据运用能够为岗位工作带来的优化作用，改变自身对于大数据存在的一些误区和抵触心理，主动投入对于大数据运用的学习中。

大数据不仅是对信息处理的一种方式，也代表着时代变化对人们思维转变的具体要求，要推进大数据运用，人才是关键。在实际的会计工作中，面对当前会计岗位职能向管理会计的转变，必须加快适应大数据环境对会计岗位形成的新要求。当前，有很多企业虽然了解到大数据应用于企业财务管理的必要性，但缺少相关专业人才，为此，企业必须加快大数据应用人才的培养和发掘。企业可以通过内部选拔，选择一些学习能力和创新能力比较强的内部人员，为他们提供丰富的培训或者外出学习的机会，帮助他们塑造会计岗位职能结构，提升专业度，形成对管理会计职能的深层理解，能在复杂的市场环境下，对企业运行和行业发展进行准确预估，做出精准度更高的决策建议。企业可以积极通过外部招聘的方式，通过设置合理的薪资结构，吸引行业内的优秀人才进入企业，帮助企业捋顺财务管理秩序，实现大数据技术在财务管理的成功运用。

（三）提升人才培养数据处理能力

随着大数据时代的到来，会计从业者必须适应来源广泛、种类繁杂的数据资源结构，学习结构化数据和非结构化数据信息价值判定的具体方法。为此，各本科院校要积极推进大数据处理能力的培养和相关实践课程的构建，准确分析电算化时代与大数据时代中数据类型比例的变化，提升对于非结构化数据的认识，通过课程体系的优化不断培养学生对非结构化数据的搜集整理能力，帮助学生发掘结构化数据与非结构化数据背后蕴含的关系，使学生逐渐形成管理会计视域下财务决策支持能力，以应对智能化大数据背景下对会计从业者决策能力形成的考验。在大数据处理能力的培养和实践课程构建过程中，需要逐步改变以 C 语言、VF、VB 等简单编程课程为主的计算机系列教学系统，通过与计算机学院和专业老师的协作，加快课程体系开发，推出会计大数据信息搜集、财务软件开发、可视化分析等课程。在大数据信息搜集课程中，培养学生的信息检索和筛选能力，通过进行数据的整理和挖掘，准确判断数据价值，再通过可视化分析实训课程实现学生分析能力的培养。而财务软件开发实训课程能够帮助学生树立关于企业决策系统的设计与开发意识，实现学生专业综合能力的提升①。对会计岗位人才能力结构具备正确的认识，承认管理会计在体系化和专业化方面的要求，从多个角度开展对管理会计人才的培养工作，引导人才的全方位、多能力、深层次发展。

第二节　加快推进会计专业产业学院建设

会计产业学院的构建体现了会计专业现代化教育以学生就业为导向的思想，提升会计专业教育和人才培养的专业化程度。在产业学院的建设背景下，会计专业学生更加能够真切体会到会计行业发展的最新动态，对就业竞争格局建立更加全面的认识。并且，能够正确了解当前我国会计行业人才缺乏的现状，认识到企业发展对会计岗位提出的更严格的要求，并作为个人学习进步和综合实力提升的重要动力，打造个人的核心竞争力。在会计专业的教学过程中，要重视传统教学模式与现代化会计行业变革的脱节现象，并对该现象产生的教学资源浪费和人才资源紧缺的问题建立正确认识。会计专业教育需要与时俱进，在专业化建设的过程中实现教学整体目标的调整优化，提升当前会计专业教学在时效性方面的劣势。在大数据和人工智能的时代背景下，财务智能机器人的出现使得会计岗位发生了新的变化，一些简单的逻辑性工作和核算业务都可以交由智能软件处理，但管理会计层面的职业判断内容则需要更多专业性更强的人才来负责。为此，要加快传统会计教学模式的转变，实现教学内涵的不断丰富以及人才培养质量的不断提升。

一　现代会计产业学院构建的必要性

（一）推动现代企业发展，提高会计人才培养质量

现代会计产业学院的建设对于推动现代企业发展，提高会计人才

---

① 秦晓霞：《论分层教学模式在初中英语阅读教学中的应用》，《校园英语》2021年第7期。

培养质量具有积极意义。企业对于会计岗位专业人才的需求较大，然而能够准确掌握会计行业发展趋势、具备大数据时代背景下会计岗位职业能力的复合型人才少之又少，在专业人才紧缺的背景下，大多数企业面临会计岗位运作不足、市场信息捕捉不准确、会计信息披露不规范的困扰。由于当前时代环境对会计岗位专业能力的要求更加严格，传统会计专业教育下的会计专业毕业生与企业需求存在一定的脱节现象，本科院校会计专业毕业的学生接受的学校教育与会计岗位具体工作流程不相匹配，对企业员工培训和财务管理质量提升造成了相当的压力。而在现代会计产业学院的建设下，本科院校会计专业教学质量能够得到明显提升，学生的理论知识与实践技能均能够得到有效培养，并能够弥补传统会计模式下会计职业能力与企业需求脱节现象，培养能够顺应时代发展和会计行业的具体要求的复合型技能人才。由此可见，现代会计产业学院是推动现代企业发展、提升会计专业人才培养质量的必要途径。

（二）缓解本科学段的教育压力，提高学生就业能力

现代会计产业学院的建设能够有效提升本科院校会计专业教育教学质量和毕业学生的综合素质，能够有效缓解本科学段的教育压力，实现学生就业能力的提升。传统的本科学段优于职业教育的观念早已转变，本科学段学生的就业优势已经不复存在，甚至出现由于本科学段毕业学生理论知识强于实践能力、纸上谈兵的观念导致本科学段毕业生在与职业教育学生竞争就业机会时存在一定劣势。再加上近年来，我国接受高等教育的人数规模不断扩大，对本科学段教育及毕业生就业造成了多方面的持续压力。在本科学段探索学生实践能力提升及理论实践一体化的路径，能够为学生提供分流引导，降低本科学段教育压力。另外，通过现代会计产业学院的构建，能够为本科学段的学生提供丰富的实践演练机会，弥补本科学段学生理论强、实践弱的问题，提升毕业生就业竞争力。

（三）提升会计人才素质，引领职业教育改革

会计专业现代产业学院构建后，能够有效提升会计人才的素质，引领职业教育进入新的发展路径，实现本科学段的职业教育与人才培

养能够与产业发展相适应，与地方经济建设相结合，并且能够提升教育模式的多样性，促进本科学段会计专业教育质量的优化，以高质量、创新性、全面性、现代化的特点为企业和社会培养应用型人才。当前在我国教育格局中存在一定的职业教育与学术教育、理论教育与实践教育的脱节与冲突现象，建设现代化的会计专业产业学院，能够有效缓解这些矛盾，通过产教融合的教育体系，为学生提供可以进行实践技能演练的平台，帮助学生树立个人职业发展目标，并积极发掘当前个人综合能力结构中的短板。在产业学院教育模式下，学生可以不断巩固会计专业理论知识，并且以行业发展动态与企业用人需求为核心，打造个人综合实力与就业能力，实现全面发展。我国当前人才格局呈现高等人才紧缺的现象，而会计专业现代产业学院能够有效提升会计人才的整体素质，培养具有综合实力和核心竞争力的会计专业高级人才，优化本科学段会计专业的就业率和教育质量[①]。

二 校企共建产业学院，优化产教融合机制，引入社会资本，实现会计专业社会化

校企共建产业学院，能够为本科院校和企业搭建沟通合作的渠道，为产教融合的有序展开筑牢根基，因此产业学院的建设必须发挥学校和企业合作的优势。在现代产业学院构建的过程中，要以为本科学段的学生提供更加丰富的教育资源与更加完善的实训条件为目标，帮助学生在创新教育理念的引导下，真实体验企业会计岗位的具体工作内容。通过平衡学校和企业间的利益合作点实现产教融合机制的不断完善，使得本科院校会计专业的人才培养能够不断实现创新。另外，还可以通过社会资本的引入，使会计专业产业学院的建设更具实力与发展潜力。现代化产业学院的建设能够实现校企合作的深度发展，相比于传统会计教学育人模式而言，在实践能力优化方面具备独特优势，而这种创新性的教育理念必然引起多种类型的资本融入，而社会资本的引入能够为产教融合和产业学院育人功能的最大化提供养料，为产业学院发展注入新的活力。为此，要加强社会资本引入的力

---

① 董利亚：《中学课堂教学互动的微观研究》，硕士学位论文，扬州大学，2013年。

度，建立有序的管理制度，通过资金设备的投入和师资力量的投入等，实现资源的优化配置。在社会资本引入产业学院建设时，还可以将企业管理模式一同引入，进行企业会计岗位的实训。为此，要保证教学软件和相关教学设施设备的及时更新与维护升级，通过外部资金和师资的引入实现教学资源的优化配置，使得产业学院教育成效实现最大化。在会计专业社会化构造的过程中，要将社会属性融入产业学院会计专业人才培养的过程中，为学生提供更加适应的教学环境，更有利于激发学生在学习方面的积极性[1]。

三 创新教学模式，建立产学研一体化

在教学模式创新方面，产业学院建设应当注重建立产学研一体化的机制，正确认识实训基地对会计专业教育质量提升的独特作用，提升实训基地的硬件水平，将实训基地在会计专业育人方面的优势进行充分发挥。在会计实训基地构建过程中，要始终将产学研融合的思想贯穿至本科院校会计专业人才的培养工作中。在企业的积极参与下，要打造产教融合的创新应用型实训基地，帮助会计专业学生能够具有比较成熟的实践技能演练场所，实现理论知识基础与实践技能的统一。本科院校还要不断深化与企业的合作，通过更加均衡的利益分配机制调动企业参与人才培养的积极性，实现本科院校与社会企业合作育人的持续动力机制，实现会计专业实训基地条件的不断优化，为学生提供更加丰富的学习机会和渠道。要不断完善实训基地的功能，提升实训项目的种类和质量，使实训项目能够更加贴合企业会计岗位的实际工作，提升学生会计专业素养和个人综合能力。在教学体系方面，产学研一体化进程的展开对实训基地教学体系提出了更高要求。营造现代化会计产业学院建设的创新教学模式，建立多渠道融合的教学体系。在深化校企合作，与企业开展良好沟通的前提下，吸引企业将一些会计岗位实际工作进行实训基地的有效植入，探索校企共建实训平台的功能优化，并围绕市场的发展动向，在实训基地中引导学生

---

[1] 唐洋、周金标、胡海波：《新文科背景下地方高校会计学一流本科专业人才培养模式研究》，《黑龙江教育（高教研究与评估）》2022年第2期。

在真实商业环境下进行专业技能学习。在产学研一体化思想领导下，让本科学校会计专业学生能够有丰富的实习机会，提前适应企业会计岗位的工作流程，并且积极参与各项创新实践活动，实现自身创新思维的有效激发。

四 完善评价体系，构建深度学习通道

针对当前我国会计行业高级人才缺乏的现状，在产业学院构建过程中，要通过完善评价体系，立足会计专业实践性的根本属性，通过有效评价指标的建立，帮助教师和学生正确掌握当前能力结构与知识技能基础的薄弱点，并通过深度学习通道的构建，实现学生专业技能的有效提升和核心竞争力的塑造。考虑到会计行业迅速发展的时代背景，要加强本科院校会计专业学生的继续教育力度，注意教学资源的时效性，使学生始终能够接收最新的会计行业动态和相关专业技能知识，并通过信息化技术应用能力的不断提升，对将来的会计岗位工作发挥指导作用，从而提升学生在进入企业工作后的适应度。积极开展评价体制的优化升级，建立全方位的评价指标，对学生的理论知识、实践操作能力、综合能力以及创新能力等进行全面评估，提升学习评价的有效性。另外还要注意及时构建评价反馈机制，打造学习评价的闭环，提升评价体系的完整度。通过学习评价的有效反馈，能够顺利帮助学生实现查漏补缺，也能够为任课教师提供教学设计思路，进行教学重难点的突破。在教学评价体系作用下，从基础知识的牢固程度到应用情况，再到实践技能的掌握水准，使教学评价能够真实反映当前学生的学习状态和个人能力结构的短板，能够助力教学质量的优化，并能够根据自身的职业发展规划不断调整学习与进步的方向，实现自身专业素养的提升，使个人就业能力和综合实力得到整体优化。

五 校企共建高水平产教融合实训基地

要提升会计专业人才培养的质量，就要继续推进理论和实践一体化的教育模式。基于会计岗位的特点，要积极发挥企业作用，由校企共建高水平的产教融合实训基地，作为产业学院的重要组成部分，使学生在实践教学过程中实现个人专业水准的提升。校企共建产教融合基地，要顺应财务共享的行业发展趋势，在"教、学、做"的统一下

将财务共享的概念贯穿实训基地建设过程。实训条件需要具备充分的前沿性,以真实性为主导进行教学实践,打造真实的管理会计运行环境和岗位流程,让学生体验企业会计岗位的各项工作任务,迅速适应职业角色,为毕业后进入企业会计岗位就职打下基础。基于会计岗位实际工作流程,学生可以发现自己在理论知识和专业技能水平方面的薄弱点,在会计岗位工作职责的引导下,逐渐丰富自身涵养和综合素质,实现会计岗位专业能力的优化。在实训基地中,学生可以借助基地丰富的实践教学资源开展学习,并对自己当前职业技能情况和等级进行评估和鉴定,另外,有需要提升自身技能水平的社会人员也可以进入实训基地学习,使实训基地具备社会服务的功能。在会计专业实训基地的建设与管理机制中,要围绕行业发展趋势以及企业对会计岗位人才的具体要求,不断完善本科院校会计专业的人才培养目标,使实践基地运行机制与实践教学目标相适应,突出职业教育与学生综合实力提升的契合点,寻找会计专业教育与通识教育的平衡点,强调教育过程与受教育人员学习习惯和个人性格的融合点,以人为本,开拓创新,实现实训基地的合理化运用及本科院校会计专业人才培养质量的稳步提升。

六 打造"互联网+"新形态教材体系、建设智能型课程资源库

产业学院的建设要与大数据时代背景相契合,打造互联网+的新形态教材体系,实现智能型课程资源库的建设。针对当前会计职能向管理型会计的转变,产业学院建设过程中,要紧紧围绕管理型会计人才培养为目标和重点来构建课程体系与教材体系。在学校方和企业方的共同参与下,积极进行教材形态改革,推出能够与互联网+课堂模式相适应的新形态教材,注重理论与实践的一体化。另外,在教材内容的选择上,要注意将行业最新政策、会计工作岗位的新技术和新方法涵盖其中,让学生能够接收到行业发展的最新动态和会计工作的实操流程,在进入工作岗位时减少不适应度。由于会计岗位的不同职责,在教材体系打造的过程中,可以以活页式、模块化的方式来进行,使学生的专业技能得到进一步细化。也可以引入工作手册式教材,或者借鉴1+X职业等级证书教材中的丰富经验,依托学校的专业

教学水准，推出学校特色教材，实现国家、校企、自编教材体系的融合，为学生提供丰富的教材资源支持。积极构建智能型的课程资源库，并以国家教学资源库为标准，将会计岗位的职业技能要求融入其中，并积极开展课程资源库的结构化建设，实现课程资源库的不断丰富和完善。在资源库中，学生可以根据自身情况选择合适的教学资源，教师发挥辅导作用，实现学生职业技能的有效完善。智能型课程资源库应当包含丰富的教学资源，从课程标准和要求，到教学设计的细节，再到学生的学习指南，为学生提供悉心的参考。另外还需要具有视频资料、课堂讲义、经典案例和实训资料等，便于学生通过学习规划进行知识的巩固。以丰富的教学资源和信息化的教学管理，实现线上教学与线下教学的有机统一。

第三节　将创新创业教育纳入会计专业课程建设体系

要解决会计人才就业难的困境，就必须对传统教学方式进行创新性改革，为学生争取更多接触社会新型科学技术岗位的机会，鼓励学生开动自身思维，将所学知识与实践岗位进行充分融合，让学生适应就业环境，从而保障会计人才在正式参与工作时能够轻松胜任，增强其就业竞争力。

一　树立创新创业教育意识

由于我国推进创新教育改革的时间较晚，当前创新教育改革还在初期阶段，经验不足。一些应用型本科院校没有对学生双创精神的培养建立正确认识，还只停留在创新创业技能培育层次上。因此，在会计专业教学体系构造中，大多数的应用型本科院校采用了短期创业培训的方法，提升学生的创新创业技能，有的院校设立了专门的创新创业课程，但对于会计专业教育和创新创业教育还是没有达成深度的融合，学生只是被动接受，没有建立起自身的创新创业理念。作为教学环节的主导者和重要参与者，教师的教育理念对创新创业整体质量提升具有重要作用，但目前教师群体对创新创业教育没有建立正确认识，还有部分教师存在墨守成规的思想，对当前会计专业发展趋势和双创教育执行的必要性存在质疑，这种教育理念结构显然无法实现会计专业人才培养质量的提升和优化，也无法带动学生积极参与创新创业教育进程，培养创新创业意识。作为双创教育的关键，教师群体建立正确认识、充分了解推进双创教育的重要性是应用型本科高校会计专业人才培养质量优化和学生综合能力提升的必要条件，而缺少关于双创教育的正确认识必然会导致教学质量难以提升，最终对会计专业教学整体质量存在消极影响。创新教育方式能够有效提高学生的整体综合素质，培养学生自主学习、自我思考的能力，进而使所学知识的优势与效能最大化。教师可以对人才的需求制定学习任务规范，并在传统教育模式的基础上，增加模拟实训教学法。通过建立模拟教学实训基地，让学生提前接触企业内部的真实环境，鼓励学生自主参与学习与探索，不断对新型教育知识进行补充与创新，提高会计教育的整体质量。

二　明确创新创业人才培养目标

（一）将创新创业纳入人才培养目标

按照传统教学理念培养出的会计人才，虽然能够熟练掌握理论基础，能够轻松地完成各类核算任务，但却不具备将理论融入科技的能力，导致所学知识与实践岗位出现严重的技术性脱轨。目前，随着各种新兴行业的诞生，许多学生对自己未来的前途规划有了新的方向，已经不局限于进入组织企业就业，有部分人才更希望通过自主创业的方式去获得成就。但通常情况下，由于刚刚步入社会的会计人才，严重缺乏对社会的充分了解与阅历，一旦遭受到创业挫折就会显得手足无措，这也是创业容易失败的主要原因。传统会计教学的理念相对单一，只是简单地对理论知识进行普及与练习，无法为学生提供在创业过程中所需的职业素养技能，学生创业意识薄弱，创新能力不足，创业难度相对较大。因此，创新教育的必要性也显得尤为重要，院校应该在会计专业知识培训的基础上，鼓励学生参与实际应用的技能学习，引导学生创业精神及自我意识方面的培养，使其成为专业领域内的综合人才,以此来降低学生创业难度[①]。会计行业的飞速发展也为会计人员提供了更多的创业与就业机会。创新创业教育模式与课程内容的设定要充分结合受教者的发展目标,通过引进先进科学教学理念与内容,针对不同学习人群制定相应的教学课程体系,才能使所学知识发挥出最大功效,这也是实现创新创业教育精准育人的必然要求。

(二)促进创新创业教育多元化

应用型人才职业教育的国家目标是培养具有先进、专业和创新技能的人才,要求人才必须具备基本财务会计处理能力,以及未来的财务分析、财务决策和税收筹划能力。目前,为了适应时代发展需求,各大本科院校已经陆续规划将创新创业教育纳入专业课程体系,且通过加入财务通识课程为院校与社会创造了沟通渠道。财务与会计学系的学生可以选择这些课程作为与专业人士完成专业教育相关的认可课程。为了满足学生的学分需求,学校需要根据学校课程安排课程学分、学时和学期。财务通识课程是本科院校金字塔中弥合教育与实践差距的挑战,这就要求教育者不仅需要具备专业的素养,对财务管理的知识及技能有充分的认识,还需要在实际教育过程中发挥应有的示范作用。由于缺乏财务的相关管理知识,在创业中期会因为出现严重的财务控制退化现象,导致出现资金缺口,最终以创业失败告终。设置财务通识课便是为了加强对创业人员财务管理能力培养的有效措施。它不仅是对学科专业界限的新的突破,也是促进内、外部教学资源整合与分享的有效途径。随着我国教育行业的不断发展,本科院校以培养能够适应社会人才需求的原则,对院校内部专业课程的设置也做出了全面调整,陆续开设各种多元化的专业培训课程。但在实际教学中,院校通常会比较注重专业知识方面的灌输,缺乏对人才实际操作能力与创新能力方面的培养,导致人才在面向社会、参与工作时出现无法熟练应用所学知识的现象。因此,本科院校会计专业需要加强对专业课程方面的创新,增强学生的思考能力与实际动手能力,让学生能够充分灵活地运用所学知识,以便其在步入社会后能够拥有较好

[①] 陈凯:《论大数据时代财务会计和管理会计的融合》,《当代会计》2021年第15期。

的发展空间。

三 构建融入双创教育的教学模式

（一）将双创教育纳入课程体系

会计专业的课程主要分为成本会计、管理会计以及财务管理。从课程内容角度出发，这三个学科之间的内容设置存在诸多相似与重复之处，因此，有必要对各类学科进行梳理、划分与整合。成本会计的主要教学重点在于成本核算，可以重点突出这方面的教学内容，将决策、预算、评估等方面的内容归纳于管理会计学科中；财务管理教学内容主要涉及证券投资的领域，在这一领域中，预算管理的教学内容又与管理会计出现重叠。为此，需要根据教学需求，对强调点进行重点阐述，在涉及财务预算的相关内容时，应针对教学内容以及相关知识点进行分解，重新梳理课程教学内容，减少各个科目间的重复知识点。整合双创教育发展理念，加强双创理念的深度融合，对其进行深层升级，并贯穿以会计应用为核心的人才培养全过程。为满足对人才全面素质提升的培养要求，本科院校会计专业一方面需要重点将实践课程的时间调整至总时间的三分之一以上，确保学生理论课程与实践课程的课时分配均衡，让学生拥有更多实际操作空间，为学生提升创新应用能力创造更多有利条件。另一方面，要加快完善会计模拟实训基地的建设，优化教育实训软、硬件设施和管理会计教育相关的课程支持。同时，要通过对学生分组的方式，分配对应的岗位实践内容，让学生身临其境地感受企业运营环境，针对小组进行合理的角色分配，通过启用实训软件模拟企业的业务活动，让学生体验企业中不同管理层中的业务角色转换。鼓励学生积极探索与发现问题，并根据问题寻求合理的解决办法，全面提升学生的逻辑思维能力与实操能力。

（二）构建双创教育融合模式的管理机制

实现以岗位能力为导向，理论为基础，应用与实践相结合的创新性教育模式。随着社会环境的不断变化，传统会计人才的市场需求在双创理念下也发生了变化。要想使双创教育法发挥出应有的教育作用，就需要根据实际教学需要，不断摸索与完善，构建出灵活化、多元化的教育新模式。紧密围绕创新创业教学思路，积极发掘不同形式的教学方法，以期在更大范围内为创业人才培养提供更多、更优的条件和发展机会。新时代背景下，随着会计行业的发展，涉及的商业领域范围越来越广，人们对于会计人才的需求也由初始的基础核算延展至更多跨学科的岗位，这就要求教育工作者必须具备跨学科的知识储备，培养出适应与社会需求的应用型人才，组织院校方教师与企业内部专业人士合作讲学模式，直面沟通企业管理中可能出现的问题。加强对实践教学的关注程度，深层推动实践教学方式的全面提升，构建理实一体化教育新形式，根据理论知识学习进度，及时地增加相应的实训课程。通过实训操作来对所学知识点进行加强与巩固，使学生通过实际操作得到全面的锻炼。本科院校的教育评价体系建设需以现代教学理念为导向，以适应社会需求为前提，不断调整与完善教学方式、考核制度与评价办法。通过建立过程性监控指标，对学生的平时表现进行评估，鼓励学生提升学习过程中的积极性。积极举办教师技术交流会，以共同商讨为主要接触点，全面提高教师创新创业教育意识。针对创新创业教育理念出台相应的管理机制，为创新创业教育模式营造良好的教育与学习环境。

参考文献

陈荷、李永刚：《高职教育"123543"人才培养范式的研究与实践》，《教育与职业》2011年第6期。

陈凯：《论大数据时代财务会计和管理会计的融合》，《当代会计》2021年第15期。

程兰兰：《大数据时代独立院校应用型本科会计人才培养方案探究》，《时代经贸》2019年第17期。

崔伟：《应用型本科院校"大会计"专业类人才培养的课程体系建设研究》，《齐鲁师范学院学报》2019年第3期。

董利亚：《中学课堂教学互动的微观研究》，硕士学位论文，扬州大学，2013年。

董淑兰：《应用型本科会计学专业人才培养质量影响因素研究——基于"互联网+"背景下会计教育教学改革的调查》，《嘉兴学院学报》2022年第2期。

樊晶玉、孙绪静、潘颖：《对应用型本科基础会计课改革和对人才培养模式的探讨》，《经济研究导刊》2020年第2期。

方烨：《人工智能背景下应用型本科院校会计专业人才培养及课程改革研究》，《河北能源职业技术学院学报》2021年第1期。

费建锋：《基于"1+X"证书的机械测量实训课程改革》，《农机使用与维修》2022年第1期。

冯光：《产教融合背景下高职人才培养方案创新实践》，《福建开放大学学报》2021年第5期。

付亮：《实现高职会计专业人才培养目标的培养方式》，《企业导报》2014年第8期。

高凯丽、王晶晶、陆旸：《面向应用型本科人才培养的管理会计课程改革研究》，《商业会计》2021年第20期。

韩将：《对企业货币资金内部控制的探讨》，《现代经济信息》2016年第18期。

何雨谦、雷若曦：《论应用型本科院校会计专业人才培养模式》，《佳木斯职业学院学报》2018年第11期。

胡翔环：《从合作到融合　深化建设类高职院校校企协同育人》，《内江科技》2021年第4期。

荆梦婷：《应用型本科院校会计专业人才培养模式的建议》，《现代营销》2020年第6期。

李聪：《职业能力视角下高职英语教学优化策略探究》，《英语广场》2022年第1期。

李海涛：《基于职业素养提升的职业学校专业社团活动模式研究——以投资理财社为例》，《河北职业教育》2022年第6期。

李红艳：《关于应用型本科院校管理会计人才培养的思考》，《商业会计》2017年第12期。

李娇等：《教育现代化背景下分析化学实验课程的信息化建设》，《实验室研究与探索》2021年第5期。

李娜：《财务共享服务视角下的应用型本科会计人才培养改革探讨》，《智库时代》2020年第7期。

李荣芳：《国际视野下高职院校职业会计人才信息素养培养》，《职业技术教育》2011年第17期。

李晓炼：《地方应用型本科高校会计专业人才培养思考》，《科教文汇》2018年第12期。

李正章、彭珏：《外向型、应用型本科会计人才培养探索》，《西南师范大学学报》（自然科学版）2021年第12期。

廖志良等：《以校企合作构建高质量协同育人体系的思考》，《产业与科技论坛》2022第5期。

林瑞芳：《人工智能背景下应用型本科会计人才培养模式研究》，《吉林工程技术师范学院学报》2020年第5期。

刘飞：《眼视光专业"1+X"证书人才培养制度的思考与实践》，《中国眼镜科技杂志》2022年第2期。

卢振兴：《应用型本科高校管理会计人才培养模式探索》，《科技经济市场》2018年第11期。

马红平：《基于信息技术构建初中物理高效课堂》，《新智慧》2021年第27期。

马丽莹、俞奥博、杨墨涵：《应用型本科国际化会计人才培养的困境与出路》，《现代审计与会计》2021年第8期。

孟宪堃：《新媒体时代中国电视产业的发展分析》，《新闻传播》2021年第12期。

彭翠珍：《人工智能环境下会计人才培养路径探究——以应用型本科高校为例》，《时代经贸》2019年第29期。

秦晓霞：《论分层教学模式在初中英语阅读教学中的应用》，《校园英语》2021年第7期。

邱海军、王宁练、李书恒：《基于MOOC的自然地理学混合式教学探索与思考》，《高等理科教育》2022年第2期。

任洪、陈瑕：《医学专业与非医专业学生创新创业课程学习效果对比研究》，《创新创业理论研究与实践》2022年第8期。

唐洋、周金标、胡海波：《新文科背景下地方高校会计学一流本科专业人才培养模式研究》，《黑龙江教育（高教研究与评估）》2022年第2期。

唐艺支、郑超文：《中职汽车专业教师"阶梯式、项目化、协同体"培养模式创新与研究——以广西交通技师学院为例》，《职业》2021年第24期。

滕剑仑、李春友：《财务智能化下会计本科教育模式转换研究》，《商业会计》2021年第18期。

滕晓梅：《应用型本科院校卓越会计人才培养内涵研究》，《财会月刊》2014年第18期。

万书雅：《陕西省电力公司财务人员培训体系研究》，硕士学位论文，西北大学，2014年。

汪莹：《交通高职教育人才培养模式研究》，硕士学位论文，西北大学，2013年。

王春梅：《试论探究式学习在高中英语阅读教学中的应用》，《校园英语》2015年第5期。

王文镇：《高中数学教学中素质教育问题探究》，《新课程》2012年第4期。

王喜荣、桂琰：《基于1+X试点的应用型本科院校会计专业人才培养改革探索》，《陕西教育（高教）》2020年第10期。

王云凤：《1+X证书制度背景下本科职业教育实施书证融通的实践探索》，《中国职业技术教育》2021年第32期。

谢平华：《基于岗位胜任力的应用型本科会计专业人才培养模式研究》，《中国市场》2018年第1期。

谢苇、陈曦：《应用型本科院校会计专业人才培养模式改革与建议》，《中外企业家》2018年第34期。

徐晔：《现代职业教育体系下中等职业教育功能定位研究》，硕士学位论文，天津大学，2019年。

许凤玉：《应用型本科教育与高职教育会计人才培养比较研究》，《现代经济信息》2019年第13期。

薛嘉义：《产教融合背景下校企合作汽车维修人才培养的初探——以苏州市电子信息技师学院为例》，《时代汽车》2022年第10期。

薛苗苗：《基于应用型人才培养的建筑史课程教学改革探析》，《大观（论坛）》2021年第12期。

薛永刚、曹艳铭、勾四清：《地方应用型本科高校卓越会计人才培养模式创新研究》，《中国管理信息化》2019年第18期。

阳葵兰：《应用型本科院校校企合作会计人才培养模式探讨》，《财会学习》2019年第22期。

余传柏等：《材料学概论课程考核改革的实践与探索》，《广东化工》2017年第2期。

袁祥勇、林立构：《应用型本科院校管理型会计人才培养体系构建探讨》,《价值工程》2018年第28期。

张琳:《公私伙伴关系（PPP）在我国城市公交服务中的应用研究》,硕士学位论文,东北财经大学,2016年。

张晓莉、段洪成:《基于人工智能视角的应用型本科会计人才培养模式创新研究》,《黑龙江科学》2021年第12期。

赵志恒等:《应用型本科院校会计专业人才培养基本问题探析》,《时代金融》2018年第20期。

周洪宇:《中国共产党领导教育的百年历程与历史经验》,《国家教育行政学院学报》2022年第1期。

周锦鑫、毛腊梅:《人工智能时代应用型本科高校会计人才培养模式转变探究》,《今日财富》2019年第17期。